# 亞歷 肥安
## "這樣長大"

亞歷 2Y9M　肥安 0M

肥安 0M

肥安 4M　亞歷 3Y1M

肥安 1Y　亞歷 3Y9M

肥安 1Y2M　亞歷 3Y11M

亞歷 3Y11M　肥安 1Y2M

帶著肥安來接亞歷放學。

# CONTENTS

# Chapter.2
## 我的混搭式育兒手記

無論如何，都要讓孩子開心的笑，是我和亞歷爸共同的目標。

牽著亞歷散步曬太陽。

*Chapter.1*
## 啟動法國主婦模式

# PART 1

# 法國人妻之路

還沒有嫁給亞歷爸之前，我從來沒有想過我會嫁給外國人，

更沒有想過我的下半輩子可能會在法國度過，這一連串超乎預期的經歷，

直到現在想起來，還是會覺得很不可思議。

現在的我，生活在南法，一個時常可以看到海的城市，

每天和兩個好動的男孩搏鬥，買菜煮飯，完全就是貨真價實的法國主婦一枚。


認識亞歷爸，讓我的人生走在一個預料之外的道路上。

答應亞歷爸的求婚之後，真正的考驗才正要開始。

心裡一陣陣的恐懼感襲來，結婚之後，我就要放下台灣的一切，

前往一個未知的國家，而我當時的法文程度還是零，該怎麼辦呢？

# 不准嫁給外國人

答應亞歷爸的求婚之後，除了擔心即將在陌生的國度生活之外，我最大的擔心，是該怎麼跟我爸媽開口「嫁給外國人」啊？我來自一個很傳統的家庭，爸媽在菜市場工作，他們能接受一個「阿多仔女婿」嗎？這個擔憂，我就一直憋在心裡，不知道該怎麼解決，也不知道該怎麼告訴亞歷爸。

直到亞歷爸打算結束台灣的事業回法國之前，他跟我說：「我想要見你爸媽一面，向他們說明跟妳結婚的心意」一聽到他這麼說，我慌了，覺得很無助。當時，我極力反對，亞歷爸卻不能理解為什麼反對，逼不得已，我只好把那段時間的擔心，一口氣全部告訴他：「我爸媽很傳統，可能無法接受一個外國人女婿」、「見面之後，關係可能會變得很糟」。他聽了我一連串悲觀的描述之後，還是堅持要見我爸媽，他覺得只要兩個人相愛而結婚，沒有什麼事情阻止得了。

見面之前，我跟家人說，我會帶男朋友回家吃飯，還刻意避開「外國人」這個身份，就是深怕爸媽會直接說：「那就不用帶回來了」。亞歷爸會不會因此生氣？我們就結不成婚了？好多疑問不停浮現，愈想愈害怕。

在進家門之前，我再一次跟亞歷爸確認：「還是想見我爸媽嗎？」我又搬出一大堆最壞的後果，甚至連「把他趕出去」這個可能都說了，他還是堅持要見。知道他這麼篤定的心意，突然被他感動了，他是這麼想要跟我結婚、走完下半輩子，我還在怕什麼呢？

一開家門，爸媽原本坐在客廳的沙發上，亞歷爸的「你好」才說了半個字，爸爸馬上臉色鐵青，掉頭走回他的房間，一句話都沒有說，一直到我們離開，他都沒有出房門。我心裡挫咧等，他是不會同意這門婚事了。

至於媽媽，她雖然若無其事地坐在沙發上，但是卻正眼都不瞧亞歷爸一眼，把他當成空氣一樣，氣氛很僵，我們沉默了幾分鐘。這樣下去也不是辦法，亞歷爸大概也緊張地忘記中文怎麼講，我就直接跟媽媽說：「我們決定要結婚了」。

媽媽一聽，臉瞬間漲紅，大概是擔心亞歷爸聽得懂中文，就開始對我狂飆台語：「你瘋了嗎？」、「你有那麼想嫁人嗎？」、「你是怕嫁不出去嗎？為什麼一定要挑外國人嫁？」一連串的數落讓我超難過。我只是找到一個相愛的人，想要跟他結婚，有這麼嚴重嗎？最後，媽媽甚至撂下狠話說：「如果妳跟他結婚，就不要再回到這個家了。」

當時情況有點失控，我也不知道怎麼安撫媽媽的情緒，亞歷爸在旁邊也插不上話，我就拉著亞歷爸的手，衝出家裡了。離開之後，我的心情超失落，原本就對於到一個新的環境生活很不安，無法得到家人的支持和祝福，讓我的痛苦更加倍。亞歷爸目睹這整個過程，看到我難過的表情和媽媽生氣的樣子，大概也可以猜出我和媽媽的對話。他一把抱住我，我的眼淚忍不住一直掉。

亞歷爸安慰我說：「不管其他人如何反對，我還是想跟妳結婚」他這份從一而終的心意，讓我更加堅定嫁給他，一起回到法國生活。

# 丈母娘看阿多仔女婿，
# 愈看愈滿意

亞歷爸拜訪我爸媽之後，就按原定計畫先回法國了。相隔兩地，我們每天為了籌備婚禮忙得很開心，婚禮打算在法國舉行。直到婚禮前一個月，我又自己回去爸媽家，把喜帖交給他們，告訴他們婚期，希望他們能來參加。他們還是沒說什麼話，但是，態度有比上次和緩不少。一直以來，個性很倔強、很有主見的我，即使沒有辦法得到他們的認同，我還是抱定決心，跟他們說：「這個婚我結定了，這個人是我自己選的，我會為自己負責。」說完我就走出家門了。

等我離開之後，哥哥才打電話給我，跟我說爸媽會去法國參加我的婚禮，要我放心，我在電話這邊，聽了大哭。

直到媽媽和大嫂飛到法國參加我的婚禮，和亞歷爸朝夕相處七天之後，他們才真正地接受亞歷爸。他們看到亞歷爸處理婚禮的各種細節、照顧他們的生活起居，覺得他很成熟、很上進，是一個可以託付終身的人。甚至還跟我說：「妳很會挑老公，這個不錯。」

亞歷出生之後，六個月大的時候，我和亞歷爸帶著他回台灣，這次是亞歷爸和我的家人除了婚禮那七天之外，最長的一段相處時間。經過這段時間的接觸，我的爸媽完全接受亞歷爸了，把他當成自家人，甚至對他比對我還好，哈哈。回台灣的時候，我們經常有許多的家庭聚會，一家人在餐廳吃吃喝喝，還是嬰兒的亞歷，因為大便而哇哇大哭。亞歷開始哭，亞歷爸二話不說，拿著媽媽包和濕紙巾，抱著他去廁所換尿布。而我則是繼續啃著手中的螃蟹。

我的媽媽看到這個情形，瞬間傻眼，馬上飆我：「妳在幹嘛？為什麼沒有跟去？」我回她：「為什麼要跟去？他一個人可以處理好。」我媽聽我這樣說，更氣，一直說：「妳這個老婆媽媽怎麼當的！」我媽媽是很傳統的女人，覺得為小孩把屎把尿是女人的工作，因此認為我的行為很不可取。我跟她說：「小孩是我們一起生的，照顧的工作本來就是互相分擔。」說完繼續啃螃蟹。

媽媽雖然還是不太能接受我的觀點，但是，她對亞歷爸體貼和顧家的優點卻是愈來愈肯定，跟一開始反對我跟他結婚，形成極大的落差。現在，我們每次要回台灣前，我媽媽一定先準備好亞歷爸和兩個小孩喜歡吃的東西，反而沒有我的份。亞歷爸也可以感受到岳母對待他的轉變，原本就會一點點中文的亞歷爸，為了討岳母的歡心，還特別模仿岳母的台灣國語，衣服硬說成「衣壺」，希望能和我的家人透過共同的語言，有更多的交流。我對於這樣的改變覺得很欣慰，國籍不是問題，只要有真心，就能戰勝一切。

亞歷爸現在和我的家人處得非常融洽。

# 法國婚禮玩超嗨

我對國外的婚禮該怎麼舉行，一點概念都沒有，幾乎都是亞歷爸在張羅，他叫我做什麼我就做什麼。在台灣，我也只參加過幾場朋友的婚禮，心想應該不外乎穿著美美的禮服，敬敬酒吃吃飯，兩、三個小時就結束了。

直到婚禮當天，我才發現事情不單純，我們的婚禮從中午十二點，一直持續到隔天中午十二點，完全就是一場派對馬拉松啊！

中午先到戶政機關公證，確認彼此在法律上的婚姻關係，再到海邊和公園，拍戶外婚紗照。在法國，婚紗照是結婚當天才拍，不像台灣，幾個月前就把婚紗照拍好。亞歷爸對於台灣的做法無法理解，法國人覺得先確定婚姻關係再拍婚

婚禮當天拍的婚紗照。

紗照，這個邏輯才合理，如果先拍，之後悔婚怎麼辦。這麼說也沒錯，台灣確實出現過拍了婚紗照，新娘或新郎落跑的新聞。

婚紗照大概拍到下午四、五點，回到亞歷爸家稍微休息一下，婚禮派對即將正式展開。派對在亞歷爸家的大庭院舉行，一整片的草坪，擺上白色的桌椅，佈置得簡單高雅。六、七點左右，賓客進入會場，這個時候大家只是先站著喝喝白酒、吃吃小點心，DJ 放一些比較輕快的音樂，很放鬆地聊天，我也完全沒有緊張的感覺，覺得這一切的發生都很新鮮。

八點左右，賓客陸續就座，開始上菜，婚禮吃的是正統的法國菜，喝紅酒，一道吃完再上下一道，此時，剛剛暖場的酒精開始發酵，我的心情愈來愈放鬆，完全忘記自己還穿著白紗，甚至忘記自己是新娘，只是來參加一場派對，顧著大吃大喝，和賓客們開心地交談。

大概十點，餐點都上完了，DJ 放的音樂節奏愈來愈快，甚至還有一些電音舞曲，紅酒也換成調酒師精心設計的調酒，在音樂和調酒的催化之下，我和亞歷爸還有賓客們，愈來愈嗨了。我和亞歷爸被拱到舞池中間開舞，接著賓客們也加進來一起跳群舞，此時，我還是穿著白紗喔！但是，我一點都不在意什麼形象問

題，當時只覺得好開心好開心，怎麼會有這麼好玩的婚禮！

十一點的時候，端出一個很華麗的三層結婚蛋糕，我和亞歷爸在大家的歡呼祝福下，切下蛋糕。吃蛋糕配的是香檳，大家舉杯祝賀。切完蛋糕，繼續跳舞，繼續喝酒，喝嗨了，大家甚至光腳跳舞，就這樣一直歡樂到隔天凌晨五點，我累到睡倒在沙發上，還是亞歷爸叫我起床，而我的白紗還在身上啊！

我和亞歷爸在舞池中開舞。

法國婚禮有一個很傳統的習俗，婚禮隔天的中午，一定要跟家人聚餐，我就帶著輕微的宿醉，換上小洋裝，和亞歷爸的家人一起午餐，結束這場婚禮馬拉松，正式成為法國人妻啦！

整場婚禮下來，我最大的感想就是吃得超飽，想吃就吃，想喝就喝。不像台灣的婚

禮，新娘為了換禮服，整場婚禮根本無法好好吃飯，心情一點都不放鬆。我超放鬆，而且可以很直接地感受到所有賓客的祝福。

婚禮是兩個新人的事情，家長不會插手過問，這是法國人的觀點，但是台灣，結婚有時候不只是兩個人的事情，是兩家人的事情，意見超多，很多婚禮的形式不免變成只是在滿足家長的期望而已。在我經歷法式婚禮之後，對於這樣的差異有了很深的體悟。

我初次來到陌生國家的緊張心情，因為這場婚禮，心情反而放鬆不少，對於這個全新的環境產生一些好感，原來新娘也可以很自在、很開心，吃超飽大喝酒，接受所有人的祝福，超酷。

整場婚禮我都超嗨，不斷熱舞！

PART 2

# 台灣和法國大不同

台灣跟法國的文化習俗真的有很大的不同，

我和亞歷爸雖然決定一起生活，

但是，還是會遇到很多意見想法不同的狀況，

這種時候，就要花很多時間溝通，就像兩個來自不同星球的人溝通，

總是會有無法取得共識的時候，

只好學會尊重彼此的文化，睜一隻眼閉一隻眼，日子才會輕鬆啊！

# 法國男人
# 真的比較浪漫嗎？

我跟大部分的女生一樣，對於外國人的想像，通常來自電視節目或是電影裡的明星，他們深邃的眼神，給人一種浪漫深情的感覺，融化每個女生的心。再加上溫柔體貼的舉動，久而久之，我也對「外國人 = 很浪漫」這個連結，產生了刻板印象。

直到跟亞歷爸真正生活在一起之後，我才發現以前的想像有多麼不切實際、多麼荒謬。我必須很誠實地說，亞歷爸當然不是一個完全不浪漫的人，但他也不像電影裡的男人，每天甜言蜜語，為另一半製造驚喜。

一開始，我還以為亞歷爸是一個特例，仔細地觀察生活裡出現的法國男人，跟我的法國朋友討論，他們聽了我對法國男人的想像，都哈哈大笑，笑我太天真。

法國男人沒有我想像中的浪漫，終究明白了那都是電影，那都是讓人滿足慾望的存在。

亞歷爸雖然不如我想像中的那樣浪漫，但他卻有一個特點，讓我激賞。他從不吝嗇稱讚我，從我們認識的第一天起，直到現在，每一天每一天從不間斷地，他總能找到一些我身上的特質或小細節，給我一個讚美，讓我開心，而且不會讓人覺得敷衍或虛偽。不只在我面前，在朋友、家人面前，他也會很直接地讚美我，從這些讚美中，我會很清楚地知道，他放了一些心思在我身上，他知道我的打扮哪裡不一樣，他認真品嚐了我做的菜，或許就是這份心思，很多生活中的摩擦，也就在這些讚美中，顯得微不足道。

和亞歷爸交往結婚之前，我也曾經和幾個台灣男生交往過，還在追求階段的時候，台灣男生的甜言蜜語不會少，使出渾身解數想要搏取我的歡心，直到正式交往後，這些福利瞬間消失，快速地讓人覺得之前像一場夢一樣。這是我的切身經驗，深刻地體會到台灣男人和法國男人之間的差異，當然這個經驗無法證明整個國家都是這樣，但是，至少我接觸過的法國男人，都不吝於給女人讚美。

我覺得一句小小的讚美，雖然只是生活中很小很細微的一部分，可是卻可以透

過一點一滴的累積，讓夫妻之間的感情加溫。當亞歷爸願意給我一個真心的讚美，我也會回他一個真心的讚美，藉著這個互動的過程，讓彼此都覺得溫暖，愛的感覺可以延續下去，或許這就是所謂法國男人的浪漫。

# 紅包給不給？

亞歷爸雖然無法接受台灣的一些習俗文化，但是，他從來不會阻止我做想做的事。結婚五年多來，亞歷爸體貼我和家人分隔這麼遠，即使工作再忙，一定都會盡量陪著我回台灣過農曆新年，他很清楚這是台灣人很重要的節日，是跟家人團聚的日子，這一點讓我覺得很欣慰。

過年的時候，台灣人都有習慣包紅包給家裡的長輩或是小朋友，我們覺得這是對長輩的一種孝心，在年節的一個心意，小朋友拿到壓歲錢，則可以平平安安一整年。法國沒有這樣的文化，亞歷爸一開始也對這件事情存疑，但是，歐美國家本來就有過聖誕節的文化，每一年，家長都會幫小朋友準備聖誕禮物。現在，亞歷爸認為我們的過年就像他們的聖誕節一樣，我們的紅包就像他們的聖誕禮物，開始認同給小朋友一個紅包，讓他們在新年買他們喜歡的東西或做他

們喜歡的事情，也是一種學習自主的方式，況且，慶祝節日本來就是很棒的事情，能夠讓小朋友留下開心的回憶。嫁給法國人之後，深深地感覺到法國人永遠把小朋友擺在生活的第一位。

但是，只有一件事情，他到現在還是無法理解，也不太能接受。「為什麼需要包紅包給爸媽？」每一年過年亞歷爸總會問我同樣的問題。我試著跟他解釋，這是對長輩的一份孝心，加上我長時間不在他們身邊，他卻回我：「可是爸媽他們自己也會賺錢啊？為什麼還需要拿妳的錢？」而且他對於我們紅包金額的考慮，也完全無法理解，他覺得我們用數字衡量心意的想法，很不可思議。

我不會強迫亞歷爸一定要接受，但我會讓他知道這是我們的文化，我還是會包紅包給我的爸媽。異國婚姻就是學會尊重彼此的文化，千萬不要為了迎合對方，而犧牲自己國家的文化，因為那樣做，不會真正的感到開心，時間一久，就會產生很多怨言，感情容易出問題。

# 為什麼結婚要先給錢？

結婚之前，有一次跟亞歷爸閒聊，提到台灣結婚的聘金習俗。亞歷爸對於男方需要給女方一筆錢才能結婚這個做法，完全不能接受，一直問我為什麼。我試著跟他解釋：「早期的時候，聘金是用來顯示男方家的排場和聲望，以及回饋女方家養女兒的費用。女方會拿這筆錢來買一些婚禮需要的東西，比方喜餅等，甚至是為了將來的生活添購一些日常必需品，所流傳下來的一種習俗。」

我繼續解釋：「我其實也不認同這個傳統的觀念和做法。但是，現在則有部分的台灣人是把這個習俗，當成一個婚前的保障，認為即使將來關係失和，女方還有一筆錢可以自立。」

亞歷爸聽我這麼解釋，更是驚訝，拉高音量說：「這樣結婚不是變得好像一場交易買賣了嗎？」他覺得，如果真心相愛而決定攜手共度，怎麼還會需要透過一筆錢來建立保障關係？如果女方這麼不相信男方，為什麼還要答應結婚呢？面對他一連串的問題，我一時之間也回答不出來，因為他說得都沒錯，只能回答他：「這是亞洲文化的傳統觀念，本來就沒有對或錯啊！」

以亞歷爸法國人的腦袋來說，他覺得聘金這個習俗就是一個不信任的假設，如果還沒有結婚，就預設分開的可能，當頭腦出現這樣的念頭，代表自己沒那麼愛，沒那麼信任。愛可以相信一切，戰勝一切，這是亞歷爸的觀點。

我本來就沒有打算要收聘金，我的父母也沒有想過要這麼做，基本上，我跟亞歷爸如果沒有無意間在聊天中提到，根本不會出現這個問題，也不會有這麼激烈的討論。從這個聊天的過程中，我能更清楚地體會到，彼此文化的不同，所造成思想上的差異。那些我們視為理所當然的傳統，以不同的角度來看，卻是一個觀念的挑戰。但是，我也從這個問題的討論，發覺他對婚姻或是愛的真正看法，讓我覺得很感動。

# 在法國坐月子

婚後沒有多久，我就懷了亞歷。當時我就心想，反正人都在法國了，亞歷出生之後，也沒有人可以幫我坐月子，法國人也沒有在坐月子，她們還不是都沒什麼毛病，我就一切按照法國女人的方式，想吃什麼就吃什麼。懷孕過程，也不斷和法國朋友交流她們的經驗，隨著生產的日期愈來愈近，第一次當媽媽總是特別緊張，徹底把坐月子這件事情撇得一乾二淨。

在台灣的時候，就聽過很多說法，如果生產後沒有坐月子，會影響女人的身體狀況，日後容易有頭痛、筋骨痛的問題，甚至會留下一些婦科的疾病。當時我還只是個二十歲出頭的女生，覺得這些事情離我很遙遠，根本沒有放在心上。

亞歷出生之後，我一口補湯也沒喝，隔天就出門買東西趴趴走，過了幾天，也

沒有不舒服的感覺。當時我還沾沾自喜，心想：「原來沒坐月子也不會怎樣啊！還不是好好的。」

直到亞歷三個月大的時候，我就嚐到苦頭了。我變得非常怕冷，只要氣溫稍微有變化，整個人就非常不舒服，頭痛得快要炸開，筋骨也變得很容易痠痛。我跟家人抱怨這個狀況，媽媽就數落我：「這就是沒有坐月子的下場。」

學到教訓的我，兩年後再度懷上肥安，這次學乖了，就算人在法國，還是要乖乖坐月子啊！畢竟我還是流著台灣人的血液，正港的台灣魂啊！（笑）肥安還沒有出生，我就請家人寄來一個電鍋和一個月份燉湯的中藥，替為期一個月的月子生活做好萬全的準備。後來，肥安早產，媽媽不放心，還是特地飛來法國幫我做月子，讓我覺得很感動。

肥安出生後的前幾天，我先喝生化湯，讓體內的惡露排乾淨，亞歷爸看見我在喝這些對他來說很陌生的湯藥，總是很擔心地問我：「喝這個，真的沒關係嗎？」我試著跟他解釋：「這是東方女人在生產後，為了排除體內的毒素，所喝的藥，裡面的成分都是中藥，不會對身體有害。」惡露排乾淨之後，我開始替自己進補，每天燉雞喝補湯。亞歷爸也會好奇，想要喝幾口，但是補藥的味道對外國人來

說，太難接受了，他反而對我很敬佩，怎麼可以喝下這麼苦的東西。

按時進補，在法國坐月子，聽起來很酷，我做到了。我不得不相信傳統的做法，這一次，我容易怕冷、頭痛、筋骨痛的症狀，幾乎沒有再發生，也許就是坐月子奏效，重新改善了我的體質。

亞歷爸雖然不太懂坐月子的原理，即便我跟他解釋，他也一知半解，但他很清楚這是台灣文化的一部分，他很尊重我，他覺得如果我認為是對自己好的事情，就全力支持我去做。我很感謝亞歷爸，忍受了一個多月都是中藥味的家裡，甚至睡覺還會聞到中藥味，但是他沒有半點抱怨。夫妻之間，如果能夠多一點包容，就能走得更長久。

# 我的法國婆婆

遠嫁法國，最大的好處應該就是「不用跟婆婆住」吧！也不用被婆婆管東管西，忍不住想要這樣說。

每次回台灣，跟以前的姊妹淘聚會，話題中一定不會少了「婆婆」這號人物，不管有沒有跟婆婆住在一起，總是有無限量的抱怨飆來飆去，不是「婆婆偏心對她不好」，就是「婆婆管太多」、「老公又不站在我這邊」。這個時候，我只能在旁邊默默地微笑，一句話都插不上，心裡很同情她們，卻沒有辦法提供半點建議，因為我完全沒有婆媳問題，跟婆婆相安無事。

朋友都很羨慕我，不用跟婆婆住，婆婆也不會插手管我的生活，更不會管我怎麼教育小孩。這個讓台灣女人稱羨的婆媳關係，卻幾乎是每個法國家庭的常態啊！

在法國，十六歲之後，搬出家裡獨立生活，是每一個人的夢想，年滿十八歲之後，通常就會自己搬出去住，自力更生，過著獨立的生活，甚至有些法國家庭，如果孩子不搬出去，父母還會要求孩子搬出去。法國人認為，孩子已經長大了，具有獨立生活的能力，應該自立門戶，為自己的人生負責，父母也想保有自己的生活空間。如果成年之後，還繼續跟著家人住，可能會被其他人議論。

亞歷爸也不例外，十八歲之後，他就搬出家裡，自己在外面工作租房子。跟我結婚之後，我們就住在自己的房子。只有一些特別的節日，像是婆婆的生日等等，我們才會帶著孩子回亞歷爸的老家一起慶祝，或是偶爾婆婆會到我們家來拜訪，每一次的見面，我們就是吃吃飯、聊彼此的近況，相處地非常好。

第一次回婆婆家的時候，讓我留下非常深刻的印象。婆婆準備了非常豐盛的餐點迎接我們，度過一個非常開心的下午，吃完飯，我就很自然地將碗盤收進廚房，準備開始盡一點為人媳婦的孝道（笑），正在捲袖子的時候，婆婆就急忙阻止我，要我到客廳去休息陪孩子，她來收拾。

面對這個狀況，我受寵若驚，心想：「我的婆婆不但不會對我有任何意見，還這麼體貼不讓我做家事啊！」覺得自己很幸運，應該是上輩子有燒好香。雖然

有點過意不去，但婆婆盛情難卻，我就恭敬不如從命，飄到客廳去休息了。

在台灣通常的情形是，飯後媳婦不去收拾碗盤，讓婆婆洗碗盤，就算沒有被冠上「不孝」的標籤，也會被認為是不懂事、不識大體的媳婦。親戚朋友的冷嘲熱諷讓妳抬不起頭，怎麼可能還能像我輕鬆地在客廳玩小孩、和老公聊天。

後來，跟一些嫁到法國的人妻朋友聊起這一段經歷，才發現「大部分的法國婆婆都這麼 nice」，正當我慶幸自己嫁到法國的時候，有一位人妻朋友解釋了這個現象：「法國婆婆覺得媳婦回家，等於是客人來拜訪，因此不會讓客人洗碗做家事。」原來如此，我還以為是法國婆婆特別呵護媳婦，哈哈。

無論如何，這種「互相尊重、保持距離」的婆媳關係，還是讓我的台灣人妻朋友們，超級羨慕。每當她們用一種羨慕的眼光看著我的時候，我會直接跟她們說：「但是我的婆婆完全不會幫我帶小孩喔！」

## 自己的小孩自己帶

台灣很多雙薪家庭，小孩誰來照顧？沒有跟公婆同住，小孩就送去托兒所或保姆家，跟公婆住的，公婆大多數都樂於幫忙帶，我的很多朋友就是婆婆幫忙帶小孩。

在法國，就像前面提到的，大多數人根本不可能跟公婆住在一起，也就是說，他們也不會幫忙帶小孩。他們認為這是「父母的責任」，父母要自己想辦法解決，因此，亞歷和肥安都是我親自帶，即使我和亞歷爸同時有重要的事情必須去做，也會請臨時保姆幫忙照顧亞歷和肥安，反而不會打擾公婆，這是法國的家庭文化，我身為法國媳婦，入境隨俗，倒也沒有覺得特別困擾。

換個角度想，正因為公婆認為「自己的孩子自己養」，他們從來不插手我和亞歷爸教育小孩的方式，完全尊重我們，這點讓我非常推崇。也就是說，我跟婆婆不會因為教育小孩的方式有差異，就產生摩擦，沒有婆媳問題啦！

## 教小孩，自己來

每次我帶亞歷和肥安回台灣，他們可愛的樣子常常引起很多親戚朋友的關注，但是，伴隨而來的總是各種意見的教育方式，一個人一個意見，批評的聲音搞得我快煩死，雖然表面還是要假笑說：「謝謝」，畢竟通常會發表意見的都是長輩，基於禮貌不得不。其實，心裡的白眼早就翻到外太空。「為什麼我一定要聽你的？」、「年紀比較長的意見就比較好嗎？」腦袋被這些疑問占據。

在法國，則完全不會出現這些狀況，法國人完全尊重每個人教育小孩的方式，即使他們不認同你的教育方式，也絕對不會出言批評或給予任何意見。他們認為「這是你的小孩，你選擇的教育方式，其他人都無法插嘴。」我覺得這種尊重彼此不同想法的文化很棒，每個人的腦袋本來就不一樣，思考的方式也會有所不同，不同的教育方式都應該被接受，小孩的獨特性也才有可能被激發出來。

千萬不要因為輿論的壓力，而放棄自己的教育理念，我覺得這樣是讓小孩失去了學習的大好機會。

台灣外公、外婆和法國奶奶，教育小孩的方式有很大的不同。

# 我的法國媽媽朋友

我一個人嫁到法國，我的生活除了亞歷爸、亞歷、肥安，或是透過視訊聯繫的家人，完全沒有其他朋友了。因為時差的關係，跟台灣的朋友很少有機會可以聯絡感情，生活雖然很充實忙碌，但是，偶爾還是會懷念起在台灣跟姊妹淘混在一起的時光啊！

亞歷爸是個體貼的男人，知道我一個人在全新的環境生活，沒有朋友，容易覺得寂寞，經常安排我和他的朋友聚會，希望我能多認識幾個朋友，融入彼此的生活。我通常不會拒絕亞歷爸的好意，心裡想如果能認識幾個朋友也好，只是有時候還是會跟不上他們的話題，下場就是我在旁邊放空發呆，次數多了，我也懶得參加這樣的聚會。

直到亞歷上學之後，開始會有其他法國媽媽主動邀請我參加她們的聚會。我抱著反正就是去吃個飯聊聊天的心情前往，如果覺得不愉快，下一次不要去就好了。就好像我一直想要跟孩子們傳遞的觀念「沒有去試試看，怎麼會知道自己適不適應呢？」

法國媽媽的聚會，是沒有小孩和老公的，暫時請老公照顧小孩，每個媽媽依照個人喜好把自己打扮地很美很美。我們相約在一個氣氛佳、裝潢時尚的餐廳，喝調酒、吃飯、聊天，聊天的內容絕對沒有老公老公老公小孩小孩小孩，聽不到一點點的媽媽經，如果突然有路人加入，大概也不會覺得這是一場媽媽的聚會，大家的話題都是圍繞著自己將來想要完成的事情或是任何生活中有趣的遭遇等等。

我的法國姊妹淘時間。

聊著聊著，我竟然有種錯覺，回到單身時代的姊妹聚會。這是一個很棒的經驗，也讓我大開眼界。法國人即使組成家庭，也不會放棄自己想要追求的事情，一定會在生活中替自己安排一個私人的空間。我覺得這是一個非常好的概念，如果結婚就是要把自己全部奉獻給家庭，未免太沉重了，也會給家人帶來負擔。

我現在會定期跟法國媽媽們聚會，也從聚會裡結交到幾個不錯的朋友，認識她們，讓我有機會更認識法國的文化。也透過這個聚會，讓我可以從生活的忙碌中，擁有一點個人空間。亞歷爸很高興我能在法國交到朋友，常常自告奮勇他可以照顧小孩，讓我出去聚會。

法國的媽媽聚會和我的台灣媽媽聚會，恰恰形成一個強烈的對比。單身時代的姊妹淘，大都已經結婚生小孩，每次我回台灣聚會，話題總是不離老公老公小孩小孩，抱怨生活的困難，不滿另一半的行徑。我覺得這個對比很有趣，反應了不同國家對家庭的價值觀。

我的法國媽媽朋友，每天都完妝踩高跟鞋優雅做家事，超強！

亞歷 4Y8M　肥安 1Y11M

肥安 2M　亞歷 2Y11M

肥安 3M　亞歷 3Y

接下來要分享的是，我在法國教養亞歷和肥安的經驗，參考了法國人的觀點，也融合了台灣人的意見，形成「混搭式」的教養觀點。我的觀念不一定適用於每一個小朋友身上，但是，或許能在你不知道該怎麼辦的時候，提供一點點小小的建議。有時候，我也會因為一時的情緒，用了錯誤的態度面對小孩，這種時候，我一定會跟小孩道歉，只要能及時發現自己的錯誤，慢慢地改進，你就會發現，和小孩一起成長的路上，其實是有趣又刺激的一段旅程。

Chapter.2
我的混搭式育兒手記

# 媽媽中文，
# 爸爸法文

亞歷出生之前，我就希望他以後能夠會講中文、也會講法文，即使我們生活在一個全法文的環境，我還是很堅持這個想法，亞歷爸也很贊成我的想法，但是，亞歷的中文教學就只能靠我一個人了。

我雖然生活在法國，但是現在網路這麼發達，我還是讓我的生活裡很大一部分，盡量出現中文，我看台灣的連續劇、綜藝節目，聽台灣的流行音樂，每天跟家人視訊，不只中文，我們甚至還講台語。從我第一天到法國開始，一直持續到現在。

因此，亞歷從在我的肚子開始，接觸中文的頻率就很高，亞歷爸白天出門上班，我一個人在家，除了出門採買之外，我在家看的節目、聽的音樂、講的語言，

都是中文。到了晚上，亞歷爸回家，我們的生活才會出現法文。我覺得應該是亞歷在孕期的時候，不斷地接受這兩種語言的胎教刺激，所以，當他開始學講話的時候，兩種語言的表達一樣好。

亞歷出生之後，為了讓他的中文學習更徹底，我持續地在家營造一個中文的環境，經常和台灣的家人朋友通訊，而且一定會開擴音，讓小孩熟悉這個語言，也讓他學習這個語言的聲調或口音，希望他能說得一口好中文。我完全不擔心亞歷的法文能力，因為，我們生活在法國，到處都是法文的訊息，又有一個法國人爸爸，加上亞歷上學後，也是在一個全法文的環境學習，種種原因，亞歷的法文只會更好。但是中文，如果我不努力，小孩就漸漸不講了。

我到法國之後，也認識了幾位同樣來自台灣的媽媽朋友，其中很多位就曾經跟我分享，即使她們每天跟小孩講中文，小孩也會因為上學後，和媽媽的相處時間減少，即便小孩還是聽得懂中文，而變得不喜歡講中文。我很擔心這樣的情形會發生在亞歷身上，所以在家盡可能地營造一個中文環境，是我到現在都持續在做的事情。

大概是我的努力影響之下，亞歷的中文說得很好，法文也在亞歷爸的影響之下，

説得不錯。在我堅持無時無刻都跟亞歷講中文的過程中，有一件事情是我印象最深刻的，亞歷第一天上學的時候，我牽著他的手走進校園，一邊叮嚀他一些上學的規矩。大概是我的亞洲臉孔，加上我和亞歷的中文對話，引起學校的一陣騷動，身邊的法國家長小朋友，甚至老師都在看我們，當然他們的眼神並沒有不友善，只是他們的注目還是讓我跟亞歷有點不自在。

在這個情形下，我跟亞歷說：「因為你會講中文，所以其他同學覺得你很棒。媽媽也覺得你很棒，會講中文，也會講法文。」摸摸他的頭，他也對我笑了一下。我希望透過這樣的教育方式，增加小孩的自信心，認同自己具備雙語的能力，而不會因為獨特性感到自卑，甚至被其他同學排擠。

老師知道我來自台灣後，還曾經請我到亞歷的班上，教小朋友們唱中文歌，希望能讓小朋友認識不同的語言，也是一種接觸異國文化的方式，我覺得這個活動很有意義。我也剛好有機會跟亞歷的同學介紹台灣這個國家，那一天，我教了他們唱國語版的生日快樂歌，度過一個很愉快的早上。

不管小孩在哪裡生活，既然他們的身上有一半的血液屬於台灣人，我就希望他們能認同台灣，透過語言的學習，了解這個國家。只要一有機會，亞歷爸和我

也會帶著亞歷和肥安回台灣，讓小孩多親近這個媽媽出生的地方，讓他們感受到自己也是台灣人，這是我的態度，我的堅持。如果你也是在異國生活的媽媽，試著在生活裡營造一個雙語的環境，除了有助於小孩的語言學習能力，也能讓小孩願意認同多元的文化。

## 亞歷的小趣事

亞歷的中文都是我教他的，剛開始，他有些語詞的音調會搞混。有一次，我讓他跟著我一起包水餃，我跟他說：「等一下就可以吃水餃了。」他說：「我不要去睡覺。」我稍微提高一點音量再說：「是吃水餃，不是去睡覺。」下一個瞬間，他哭了，邊哭邊說：「媽媽，我不要去睡覺。」面對他的反應，我真是又好氣又好笑，難道我的發音有那麼不標準嗎？

我只好再一次一個字一個字地跟他說：「是吃、水、餃，不是去、睡、覺。」他才聽懂，我們兩個都鬆了一口氣。還好我叫他去睡覺的時候，他沒跟我說他不要吃水餃。（笑）

# 寶寶真的可以自己睡！

我和亞歷爸來自不同的國家，在教育小孩這件事情上，觀念常常有很大的落差，但是，因為我們的出發點都是以小孩的健康發展為最大的目標，也很尊重彼此文化的不同，所以其實不太常因為教育小孩爭執。但是，總有彼此都很堅持自己的觀點的時候，這個時候，我們的共識就是交給小孩決定，讓小孩選擇他自己可以接受的做法。在這個過程中，我覺得無形之中讓小孩學會獨立思考的能力，也是很不錯的生活練習。

在台灣，絕大部分剛出生的小孩一定是跟爸爸媽媽同房睡，懷著亞歷的時候，我就跟亞歷爸提出這個要求，亞歷出生之後，我也要讓他跟我們同房。亞歷爸聽到我這個要求，一開始非常不能接受，在法國，新生兒一定有自己的房間，剛出生的嬰兒從醫院接回家裡之後，晚上就是讓他睡在自己的房間，沒有跟爸

爸媽媽同房睡的文化。

亞歷爸一直想要試圖說服我，小嬰兒是可以在自己的房間獨立睡覺的，這樣做反而不會影響彼此的睡眠品質，小嬰兒也可以在潛移默化之中，練習獨立的能力。亞歷爸說的我當然都懂，可是，第一次當媽媽的我，心裡還是會捨不得。因此，我不斷和亞歷爸溝通，亞歷爸其實也很尊重我的想法，想要和我討論出一個最理想的做法，最後我們的共識是，亞歷出生之後的前三個月，和我們同房，但是必須睡在嬰兒床上，三個月過後，再讓他睡自己的房間。

肥安哪裡都能睡。

三個月之後，我按照和亞歷爸的約定，讓亞歷睡自己的房間。前一兩天，當我們把他抱到自己的房間，他就不停的哭，哭累了才睡著，聽他哭得那麼慘，我也躲在棉被裡哭，亞歷爸安慰我：「幾天過去，他適應了，就不哭了。如果我們現在又把他抱回來睡，反而會影響彼此的睡眠品質。」這樣的情形，大概過了一個禮拜，亞歷真的不哭了，可以自己在房間一覺到天亮，我和亞歷爸也能一夜好眠。

從這個經驗當中，我強烈地感受到那種文化之間的差異，在這種時候，彼此各退一步，事情就會順利解決。雖然還是會覺得違背自己的心意，有點難受，但是，試試看另一個文化的做法，卻可能有意外的收穫。如果我沒有接受亞歷爸的觀點，亞歷可能不會那麼快就可以獨立睡。

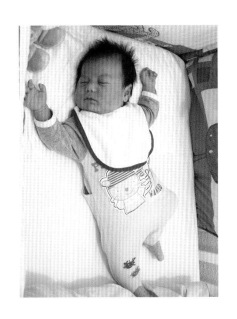

# 不再依賴尿布

大概在亞歷兩歲半的時候，我和亞歷爸就有共識，因為膀胱的發展已經很成熟，可以自己去上廁所，要讓他不再依賴尿布，沒想到，這一個過程，是一個很大的噩夢。讓我想起台灣家裡的小狗，剛到我們家時，訓練牠在同一個地方尿尿大便，也是一段艱辛的過程啊！

先不要提包不包尿布，亞歷是連坐在小馬桶上都有障礙，每次我或亞歷爸把他抱到小馬桶上，他就開始哭，也無法順利地尿尿大便，這樣的情形大概持續了一個月，始終沒有改善，亞歷還是只能在尿布裡尿尿大便。

我和亞歷爸心想：「這樣下去不是辦法。」下了一個重大的決定，直接不再讓亞歷包尿布。某一天早上，我們一家坐在餐桌前吃早餐，亞歷爸以非常慈祥的

口氣跟亞歷說：「亞歷，你已經長大了，是很棒的小孩。從今天開始，你不能再穿尿布囉！如果你想要尿尿或大便，可以跟我或媽媽說，我們會帶你去廁所，或是直接在你的小馬桶上尿尿大便。」亞歷點點頭。

就在亞歷爸跟亞歷溫柔喊話之後，過了大概一個小時，亞歷尿褲子了，他沒有跟我們說，也沒有到小馬桶上。亞歷大概也覺得自己做錯事了，頭低低的，沒有說什麼。亞歷爸先幫他擦乾淨，換上乾淨的褲子，接著跟他說：「沒關係，我們慢慢練習，下一次想要尿尿或大便的時候，記得先跟爸爸媽媽說喔！如果你可以做到的話，我會給你一個小禮物。」亞歷聽到「禮物」，眼睛都亮了，馬上說：「好。」

但是，小孩的專注力有限，這一秒答應過的事情，等到他被別件事情吸引，馬上忘得一乾二淨。吃過午餐之後，亞歷自己一個人在客廳裡玩積木，我在廚房收拾碗盤，亞歷爸在客廳休息。突然間，聽到亞歷的哭聲，亞歷爸正在安慰他，原來他又尿褲子了，這一次，亞歷爸還是跟他說：「沒關係，下一次記得就好。」幫他整理乾淨，再換上乾淨的褲子。

我心想，已經兩次了，可能需要靠我們的提醒來幫忙亞歷練習自己上廁所。於

亞歷練習上廁所中。

是，每隔半個小時，我就問亞歷：「想尿尿或大便嗎？」當我這樣問他的時候，他好像就能被提醒，確實地回答我，如果想，我就帶他去廁所。就這樣直到晚餐時間。在我到廚房準備晚餐之前，我跟亞歷説：「如果你想要上廁所，要跟爸爸説喔！」亞歷點點頭。我也再請亞歷爸留意一下亞歷的狀況，就放心地到廚房去了。

大約過了二十分鐘，客廳傳來亞歷爸嚴肅的聲音：「亞歷，這是今天的第三次了，你還是沒有跟爸爸説，請你到房間反省。」這一次，亞歷不只尿尿，還大便。亞歷爸沒有幫他擦乾淨，直接把他帶進房間，讓他自己一個人在房間裡大哭大鬧，體會尿和大便留在身上那種不舒服的感覺。五分鐘之後，亞歷爸回到房間跟亞歷説：「如果下次想要尿尿或大便，還是沒有跟爸爸媽媽説，我們就不會幫你清洗，這種不舒服的感覺就會一直跟著你。」亞歷眼眶含著淚地説：「好。」跟著亞歷爸到廁所去清洗。

隔天，吃完早餐後半個小時，奇蹟發生了，亞歷主動跟我説：「媽媽，我想要尿尿。」我就趕快帶他去廁所。對於亞歷這個快速的改變，我心裡超感動，甚至馬上傳訊息給亞歷爸，跟他説：「亞歷成功了，他學會了。」接著這一天，亞歷每一次想要上廁所前，都會先告訴我，我再帶他去。亞歷爸下班後，帶回

一個亞歷最喜歡的積木玩具，當作獎勵，履行之前的承諾。

我和亞歷爸對於亞歷的成長，超級開心，覺得自己的小孩又邁向另一個生命的階段。我覺得這個方法很管用，如果你家裡也有正在戒尿布的小孩，可以試試看，說不定會有意想不到的收穫。

（非常神奇的是，這個方法奏效之後，亞歷晚上睡覺也不需要包尿布了，他如果想要上廁所，會到我們房間搖醒我或亞歷爸，我們再帶他去廁所。一直到他三歲之後，他想上廁所的時候，已經可以自己去了，不需要依賴我們帶他去。）

# 從小學會點餐

在法國生活，我是一個全職媽媽，每天最重要的事情，就是陪兩個小鬼快樂成長。自從亞歷上學之後，我有更多的機會認識法國人，和他們一起出遊，對於法國人教小孩的方式，也有了更深層的認識。

有一次，我和法國媽媽朋友們，一起帶著孩子上餐廳吃飯，坐定位置後，服務生除了給大人菜單之外，小朋友也一人有一份菜單。我有點嚇到，當時心想，小朋友吃什麼，不是大人幫他們決定就好嗎？他們只是不到兩歲的小孩，會有點菜的概念嗎？

就在我一邊這麼想的時候，法國媽媽們已經一一唸起菜單上的菜名，讓小朋友選自己想吃的菜，前菜可以選蔬菜湯或是沙拉，主菜要吃魚還是牛肉，完全尊重小朋友的意願，給小朋友充分點餐的自由。

我忍不住問法國媽媽，小朋友懂你説的是什麼菜嗎？她一派輕鬆地回答我：「當然知道啊！」透過這個點餐的過程，除了培養小朋友獨立思考的能力之外，他們也能從中認識更多的菜名，而不會只是一味地接受大人決定的事情。

我恍然大悟，以前總是自以為小孩吃什麼比較好，小孩不懂我們決定就好，其實，他們都懂，當我們願意給他們思考的空間，他們就能更快認識這個世界。現在，我也學起法國媽媽，唸菜單給肥安亞歷聽，讓他們選擇自己想吃的食物。

不只上餐廳，每天接了亞歷下課後，到超級市場去買菜，我會一邊跟兩隻小鬼討論晚餐的菜單，尊重他們的意願，而不只是煮我認為他們想吃的。

肥安現在也會跟我點餐，order 他的晚餐。（笑）

亞歷和肥安現在上餐廳，對於自己要吃什麼都很有想法。

# 吃飯的規矩

在外面跟朋友用餐，為了讓亞歷融入其他法國小朋友的圈圈，偶爾打破我的台式教養觀點，不讓亞歷有被孤立的感覺，我覺得沒關係。但是，我會讓他知道這是特例，吃飯時間還是要準時吃飯，才能去玩，做自己喜歡做的事情。

在外我可以允許特例，在家可就不行了，這一點堅持，亞歷爸和我有一致的共識，希望小孩可以在吃飯時間乖乖吃飯，養成好習慣。但是，小孩總是會有各種狀況，可能是有其他更吸引他的東西讓他不想待在餐桌上好好吃飯，或者是餐桌上的食物不想吃等等各式各樣的可能。

為了讓亞歷養成這個好習慣，亞歷三歲的時候，有一次，我煮好晚飯端上桌，亞歷突然說：「我不想吃飯，我想去玩……」，這個時候，我會說：「請你吃

吃飯時間一定要乖乖待在餐桌上，這是我的堅持。

打赤膊吃飯的肥安。（笑）

完飯再去玩。」他還是繼續拒絕吃飯，我就會說：「如果你現在不吃飯，就必須等到明天早上才會有早餐吃，而且我會請你馬上去睡覺。」聽我這麼說，亞歷還是堅持不吃，此時，我馬上把亞歷面前的飯菜收起來，讓亞歷爸抱著亞歷上樓睡覺。進到房間之後，亞歷開始大哭大鬧，說：「我要吃飯，我要吃飯」，亞歷爸面對亞歷的哭鬧回應：「剛剛請你吃飯，你選擇不吃，既然如此，那你就必須睡覺，也不能吃飯後的甜點和水果。」

這個做法非常有效，自從這個經驗之後，亞歷在用餐時間一定乖乖吃飯，因為他已經知道，如果在吃飯時間不吃飯，晚一點就沒有東西吃，也不能吃飯後甜點水果，不能做自己想做的事。有些朋友會覺得這樣的做法太強烈，我認為讓小孩感受一下餓的感覺，並記住這種感覺，在不影響健康的前提之下，可以養成在吃飯時間乖乖吃飯的習慣，是值得嘗試的做法。

## 讓蔬菜隱形，
## 解決挑食

基本上，亞歷是個幾乎不挑食的小孩，肥安就更不用說了，我常在臉書上說他是吃貨，任何食物只要一到他的手上，三兩下就被他吃光光了，很好安撫。

有一段時間，亞歷會挑出沙拉裡的番茄，擺在旁邊不吃，對於他的這個舉動，我沒有強迫他一定要吃番茄。後來，我把番茄煮成番茄炒蛋或是番茄蛋花湯，亞歷沒有把番茄挑出來，而且全部吃光光。由此可見，我觀察到亞歷不願意吃的是生番茄，他不喜歡生番茄的味道，但是煮過的番茄他可以接受。從這個經驗也可以得到一個結論，同一種食材，換一種烹飪方法，也許就能解決小孩的挑食問題。

其實，我不太在意小孩的挑食問題，因為我總覺得即使小孩無法在某一種食材

獲得需要的營養，也能在另一種他可以接受的食材獲得，所以不太強逼小孩一定要吃某種特定的食材。除非，小孩挑食的食材實在太多了，我認為才有必要特別留意。

如果你的小孩有嚴重的挑食問題，可能是因為食材的顏色、食材的形狀或是味道，讓他拒絕吃。我覺得可以透過一些巧思，讓小孩悄悄地吸收進這些食材的營養。這個巧思就是將小孩挑食的食材，以泥狀的方式入菜。有些小孩，害怕深綠色的蔬菜，將蔬菜打成泥之後，和肉一起炒，讓肉蓋掉菜的味道，顏色也被中和掉，小孩往往比較能接受。另外，小孩最大的蔬菜天敵－紅蘿蔔，假如有不喜歡的小朋友，媽媽們不妨試試這樣的方式，我會將紅蘿蔔攪成泥，把它放入玉米濃湯隱形，讓小孩看不到紅蘿蔔的形狀，味道也變淡，也能吃進紅蘿蔔的營養素。這些小方法，大家不妨可以試試看。

亞歷是不討厭紅蘿蔔的小孩。

不挑食的肥安，很好養。（笑）

## 法國小孩上餐廳
## 乖乖不吵鬧

我剛到法國的時候，亞歷爸帶我上餐廳，那時候亞歷還沒有出生，有一個景象大大地震撼了我。我們去的是一家氣氛還不錯，燈光稍微有點昏暗的法式餐廳，餐廳裡的客人打扮正式優雅，最令人吃驚的是，小朋友也都穿戴整齊，乖乖地坐在座位上，靜靜地吃著面前的餐點，曾有一瞬間，我忍不住閃過一個念頭：「他們真的是小孩嗎？」因為他們真的太乖巧，跟我印象中小孩上餐廳的經驗差太多了。

一開始，我以為大概是這間餐廳的客人經濟條件比較好，小朋友被嚴格要求遵守餐桌禮儀。但是，後來我有機會到不同的餐廳，小孩依然還是乖乖地坐在位置上吃飯，我就開始納悶了：「法國人是怎麼做到讓小孩上餐廳不吵鬧？」亞歷爸跟我說：「我們不會把小孩當成小孩，而是當成大人，從小就讓他們跟著

大人上餐廳，學習大人的禮儀，不會因為他們是小孩，就特別關注他們。反而能在無形之中，讓小孩融入大人的氣氛，禮儀也就漸漸養成。」

亞歷出生之後，我們也帶他上餐廳。第一次上餐廳，我還是有點擔心他會吵鬧，出門之前，我先跟他說：「我們今天要去餐廳吃飯，請你乖乖地待在座位上吃飯。」他點點頭。

進入餐廳就座之後，點餐、上菜、吃飯，從前菜到甜點，亞歷都非常乖，靜靜地在座位上吃飯，其他桌的小孩也都很乖巧，完全沒有任何吵鬧的情形。吃飯的過程中，我和亞歷爸聊天，也跟亞歷聊天，亞歷表現出來的樣子，讓我也一度忘了他只是一歲多的孩子。平常在家裡，吃飯時間他都不見得願意乖乖待在椅子上，我想是環境的因素吧！他看到其他法國小孩都乖乖地坐著吃飯，他也有樣學樣，做起乖小孩，哈哈。

帶著亞歷回台灣，也會跟台灣朋友一起帶著小孩上餐廳。這種時候，乖巧亞歷就會變身成搗蛋亞歷，看到朋友的小孩在旁邊玩，就會忍不住想一起玩，最後就會導致有點失控的場景，我只好出面喝止。

我覺得每個小孩的本質都一樣，不會因為是法國人或台灣人就有所差別，我也曾經在法國餐廳看過法國小孩吵鬧，但是以整體比例而言，真的少之又少。不像我們在台灣，很容易遇到小孩在餐廳吵鬧的情形。就像亞歷爸說的，如果大人都能做好榜樣，遵守餐桌禮儀，並且讓小孩融入大人的話題，我相信，小孩在餐廳吵鬧的情形一定會大幅減少。

# 法國小孩
# 不用兒童餐具？

在法國上餐廳，我特別注意小孩用的餐具。觀察之下才發現，法國小孩真的幾乎不用兒童餐具，和大人用同樣的金屬餐具。幾次觀察之後，我有一點收穫，如果我們一直為孩子營造一個過於安全的環境，他們就減少了學習的機會。

亞歷可以吃主食品之後，在家我還是會讓他用兒童餐具，但是，我沒有變成焦慮的媽媽，沒有每天隨身攜帶兒童餐具。我們到任何地方或餐廳，當下有什麼餐具可以用，我就會讓亞歷試著使用，當然我會在旁邊看著，避免危險。

小孩的潛力真的超乎大人的想像，即使金屬的餐具很大很重，亞歷還是可以靠著自己的力量吃東西。從這些經驗，我覺得法國人教育小孩，是讓小孩去配合環境，而不是塑造一個舒適的環境來配合小孩，在這樣的觀念之下，小孩的適

應力和學習能力更能被激發出來。

再舉一個例子，我和亞歷爸曾經在台灣拜訪過一個有小孩的朋友家裡，一進門我就傻眼，客廳完全變成麥當勞的兒童遊戲區，地板鋪著彩色的軟墊，放著各式各樣的兒童玩具，沒有一個正常客聽該有的樣子，家具的邊角也都包上防撞的彩色軟墊。

朋友看我和亞歷爸驚訝的表情，露出尷尬的笑容：「沒辦法啊！有了小孩就變成這樣。」對於法國人來說，這樣的居家佈置十分不可思議，把一家人的公共空間變成小朋友的遊戲空間，而且佈置都是以「不會讓小孩受傷」為優先考量，「這又不是只有小孩的家，那大人的空間呢？」當時，亞歷爸應該在心裡用法文這樣怒吼。

反觀我們法國的家，亞歷的玩具只會放在他的房間，即使拿到客聽來玩，最後的收納位置還是他的房間。家裡的桌角或是櫃子的邊角，沒有特別包上防撞裝置，插座也沒有刻意保護。我們會叮嚀亞歷和肥安，這些都是容易使人受傷的地方，需要特別小心，盡量不要靠近。如果他們還是因為好奇心而觸摸，甚至受傷，藉由這樣的親身經驗，對於危險的概念會更深刻。下一次他們就懂得，

讓小孩適應各種餐具，也是一種適應力的練習。

這些地方不能輕易碰觸。

我到其他法國人的家裡做客，也是如此，他們不會因為生活出現小孩，就改變居家佈置。我覺得這樣的觀念很值得分享給大家，小孩擁有本能適應各種環境，我們都應該給小孩機會去適應，而不是塑造一個安全的環境迎合小孩。

從小讓小孩接觸動物，增加感官的刺激，也能練習同理心。

# 從小參加派對

以我自己的成長經驗來説，根本沒有「派對」的概念，連生日都沒有慶祝了，怎麼會有生日派對呢？加上我小時候個性比較害羞，對於各種活動都不太願意參加，人際關係因此不太好。

長大一點，電視上出現「派對」，才漸漸了解這個活動是怎麼一回事，但是，始終是電視裡才會出現的畫面，我從來沒有想過會出現在我的生活裡。直到我在法國辦了婚禮，我才真正體會到「原來電視裡演的都是真的」，漂亮的場地、好吃的食物、愉快的氣氛，我正在經歷一場貨真價實的派對啊！

「派對」在法國人的生活裡是常態，總會找個名義舉辦派對，替生活找一點樂子。我跟著亞歷爸參加過很多派對，不同主題，不管是泳池邊還是森林裡，透

過這樣的聚會，能夠多認識一點朋友，拓展人際關係，我覺得是生活裡很棒的調劑。

而且，不只大人，法國人讓小孩從小參加各式各樣的派對，只要同學生日，亞歷一定會收到派對邀請函，他也很喜歡參加派對。每一年亞歷的生日，我和亞歷爸也會替他精心規劃生日派對，讓他留下美好的回憶。

亞歷四歲這一年，他已經開始上學了，因為上學的關係，朋友開始增加。因此，四歲的生日派對，我們決定從籌備開始讓亞歷參與，讓他設計屬於自己的派對。首先，我和亞歷爸先跟他討論：「你想邀請誰參加你的生日派對？」亞歷一一細數他的好朋友名字。接著，我幫忙設計一張邀請函，上面寫上我們的電話、派對的時間地點，請對方告知我們是否參加的訊息。再請亞歷帶到學校，發給名單上的同學。第一階段算是大功告成。

至於地點，我們是選擇在家裡，我們的家容納十個小朋友不是問題，還能省下一筆場地費。為了營造派對的氣氛，我帶著亞歷到派對用品店，買了一些生日專用的吊飾和汽球，並讓他一起幫忙，把家裡佈置成派對場地。透過這個親子互動的過程，也能讓孩子更有參與感，並獲得成就感。

派對的食物，我則準備了一些小餅乾和自製的小點心，當然，生日蛋糕也是必備。準備完成之後，就等待受邀的小朋友前來。亞歷已經換上一身的新衣服，等著他的好朋友們。

小朋友到齊之後，每個人都戴上三角圓帽，吃吃喝喝。直到我推出生日蛋糕，大家才安靜了下來，所有人齊聲為亞歷唱生日快樂歌，亞歷許願吹蠟燭，小朋友們送上為亞歷準備的禮物。拆禮物又引起小朋友一陣騷動，在吵吵鬧鬧的歡笑聲中，結束這場派對。在小朋友回家之前，亞歷會回送一份小禮物給每一個小朋友，這份禮物也是亞歷自己挑，包裝也是自己選。

亞歷主導他自己的生日派對，和他的朋友分享禮物。大部分的法國媽媽送小孩參加派對後，會先行離開。少部分會留下來等，我和留下來的法國媽媽在旁邊喝喝小酒，聊得很開心，時不時再關心一下小孩的派對現場。不管是去參加朋友的派對還是在家舉辦派對，我覺得對小孩來說，都是一個很棒的生活練習，他能從中學習人際關係的經營，以及組織一個活動的概念，更能藉由過程中各種意見的發表，培養主見及自信心。

亞歷的泳池派對。

亞歷的 4 歲生日派對。

# 小孩外宿
# 一點都不奇怪

在台灣，我們小時候很少被允許到同學家過夜，頂多是到同學家玩一個下午，就會被媽媽叫回家吃晚飯了，媽媽總會教育我們，在別人家打擾太久，是一件很失禮的事情。

在法國，讓小孩外宿同學家的情形卻非常普遍，而且從小孩三、四歲就開始了。我剛知道這個現象的時候，也非常訝異，那麼小的小孩常常有一些我們自己都無法掌握的狀況，讓他到同學家去過夜，這樣對同學家不是很打擾嗎？我一直覺得很納悶。

直到亞歷四歲，我們預計幫他舉辦一個生日派對，在規劃的時候，亞歷爸就問亞歷：「你想邀請誰來參加你的生日派對？」亞歷一一回答了他幾個要好的同

學名字，從這個對話當中，我們心裡很清楚亞歷開始有了自己的生活圈和人際關係。他接著說：「派對結束之後，我可以去住艾倫家嗎？」我說：「是艾倫邀請你的嗎？」亞歷點點頭。我遲疑了一下還是回答：「當然可以。」

派對結束之後，亞歷自己從衣櫥裡拿出他的背包，把睡衣、牙刷等等日常用品裝進背包裡，我開車送他去艾倫家。亞歷下車前，我對他說：「請做一個守規矩的乖小孩。」他點點頭。Kissgoodbye 之後，看著他走進艾倫家的大門，我就暫時放心地離開了。

當天晚上，艾倫媽媽打電話過來，跟我說：「亞歷很棒，沒有搗蛋，和艾倫玩得很開心。」我在電話這一頭，聽到艾倫媽媽這樣說，頓時鬆了一口氣，我還以為艾倫媽媽是打電話來抱怨亞歷闖了什麼禍，我開心地回應艾倫媽媽：「謝謝你們對亞歷這麼好。」

隔天中午過後，我到艾倫家去接亞歷，亞歷一臉開心的笑容，一上車，就急著跟我分享他昨天和艾倫做了些什麼事、艾倫媽媽準備了什麼食物給他們吃，一直跟我說下次還想去艾倫家玩。聽到他這麼說，讓我對小孩外宿這件事情，開始有了不同的想法。

亞歷外宿好朋友家。

後來，亞歷也邀請過他的同學來我們家過夜，小孩們都度過很開心的時光，幾次之後，我對於小孩外宿這件事情，完全改觀。當小孩主動提出外宿的請求，不要輕易地限制，只要和彼此的家長溝通清楚，讓小孩多多嘗試不同的生活體驗，反而有助於小孩的人格發展。如果只是擔心小孩在別人家搗蛋，而放棄這個學習的機會，很可惜。亞歷外宿後，我開始有機會跟他分享到別人家做客的禮儀，他也能盡量按照我的方法去做，就是一個很棒的生活學習。

有一次，我到艾倫家去接外宿的亞歷，正當我和艾倫媽媽聊天聊得很開心的時候，亞歷突然跑向艾倫媽媽，跟艾倫媽媽說：「艾倫用玩具車丟我的頭。」這個時候，艾倫媽媽馬上蹲下來問亞歷：「你還好嗎？」亞歷點點頭。接著，艾倫媽媽馬上走到艾倫身邊，問他事情發生的經過，並且請他不能這麼做。讓亞歷和艾倫擁抱和好。

此時，我在旁邊傻眼，亞歷受了傷，沒有跑來找我，反而去找艾倫媽媽傾訴。從這個事情也讓我學到，法國父母跟孩子之間的距離是非常靠近的，他們會營造一種讓孩子勇於表達的環境，讓孩子覺得受到重視。之後，亞歷的朋友來我們做客，我也告訴自己，我要做一個讓孩子信任的大人，如此一來，跟孩子之間的距離會更靠近。

## 艾倫住我家

亞歷去過艾倫家過夜之後，回到家，也主動問我：「媽媽，我可以邀請艾倫來家裡住嗎？」我回答：「當然可以。」

艾倫來我們家過夜那一天，一進家門，亞歷就瞬間變成小主人，帶著艾倫四處參觀我們的家，再回到自己的房間，分享他的玩具，和艾倫一起玩。我從來沒有教亞歷怎麼招待朋友，但是我想，大概是亞歷到艾倫家時，艾倫也是這麼對待的關係，亞歷也複製這樣的經驗，招待他的好朋友。亞歷如此乖巧懂事、願意付出的行為，讓我覺得好開心，也再次體會到，原來讓孩子外宿可以有這麼美好的收穫。

只要亞歷的朋友來家裡過夜，那一整天，他會特別開心、興奮，跟我討論晚餐想吃什麼，想和朋友玩什麼遊戲，甚至會自動自發地完成我交代他的家事。而我和亞歷朋友的媽媽，會有一個默契，在孩子們吃飯的時候以及睡前的時候，拍一張照片傳給彼此，讓彼此安心，告訴彼此孩子相處地很好。

## 意想不到！外宿學到的事

有一次，亞歷到同學家去過夜，隔天一早，同學家計畫到海邊玩，這個時候，我接到電話，對方媽媽問我：「亞歷可以和我們一起去海邊玩嗎？」我有點遲疑：「亞歷很怕水，我們帶他去海邊的時候，他根本不敢下水，我擔心會造成你們的困擾。」對方媽媽說：「不用擔心，我們問過他，他說他很想跟我們一起去。」雖然心裡還是有點擔心，但是亞歷自己願意去，我也就答應了。

過了兩個小時，對方媽媽傳來一張亞歷和同學在水中笑得很開心的照片，附上一句訊息「亞歷一點都看不出來怕水的樣子，笑得很開心。」知道亞歷克服水的恐懼，我安心了不少。從這個事件我發現，當父母不在孩子身邊的時候，能夠激出更多的潛能，孩子不會覺得凡事有父母保護，而願意去挑戰嘗試新的事物。如果亞歷沒有去同學家過夜，沒有跟著同學去海邊玩，可能直到現在，都還不敢下水吧！

# 廚房不危險

亞歷大概一歲的時候，正是喜歡到處碰來碰去的階段，看到什麼都想抓、都想玩，我通常都是先警告他：「不能碰。」從來沒有說為什麼不能碰，警告幾次沒效，情急之下，我還會去撥他的手。但是，下一秒，他還是繼續碰。

有一次，亞歷爸在喝熱茶，亞歷在旁邊一直想要抓茶杯，亞歷爸一邊說：「不行碰喔！亞歷，茶很燙，碰到會受傷。」亞歷還是一直想抓，後來，亞歷爸把亞歷的手稍微貼在杯子上，讓他感受一下燙的感覺，亞歷馬上把手伸回去。從此以後，只要亞歷爸在喝茶，亞歷絕對不會去碰茶杯。這是很標準的法式作風，讓小孩實際去感受，從中體會為什麼這個行為會被禁止，小孩自然會產生判斷能力，從經驗中學習。

我覺得這個方法很棒，現在，肥安看到我在吃麻辣麵，會一直靠過來想要吃，我會跟他說：「這是辣的麵，你不能吃。」他還是想吃，我就會讓他吃一口，讓他體會「辣」的感覺。從此以後，只要我跟他說：「這是辣的。」他就會產生聯想，不會一直吵著要吃。

這個讓小孩從嘗試中學習的教養觀點，在「讓小孩進廚房」這件事情上，台灣和法國有非常大的差異。我小時候，媽媽從來不讓我和哥哥進廚房，總是告誡我們廚房有刀子、有火，是一個很危險的地方，只要一踏進廚房，就會被責罵。在這個觀念的影響之下，我一開始也不讓亞歷進廚房，一直跟他說廚房有多危險就有多危險。

直到有一次，我去一個法國媽媽家拜訪，她正和小孩們一起在廚房裡做蛋糕，看到這一幕景象，我傻眼了，原來小孩可以進廚房，而且他們在廚房玩得很開心，一點都沒有危險的感覺。危險都是大人想像出來的可能，冷靜想一想，廚房就是我們生活空間的一部分，為什麼不讓小孩多體驗生活的各個面相呢？

亞歷看到法國媽媽和小孩在廚房玩得那麼開心，問我：「我們回家可以做蛋糕嗎？」我回答他：「當然可以。」回家的路上，我們一起去買做蛋糕的材料，

讓他認識一些從來沒有接觸過的廚房器具。

隔天，我讓他一起進廚房，讓他打蛋、篩麵粉、攪拌，他玩得很開心，沒有任何我們想像中的危險發生。從這次做蛋糕的經驗之後，亞歷每個周末的早上，都會主動說要幫忙做早餐，現在他已經會煎蛋、榨果汁，他最拿手的料理是巧克力香蕉，切香蕉需要用到刀子，一開始我會先示範給他看，並告訴他刀子危險的部位，幾次的練習之後，他已經能很熟練地使用刀子，也沒有受傷過。

廚房確實有很多可能造成危險的設備或器具，大人該做的是告訴孩子如何避免這些危險，而不是拒絕他們進入廚房。如果我到現在還是堅持「廚房等於危險場所」的觀念，不願意讓亞歷嘗試做料理，我永遠不會知道四歲的亞歷可以自己打理自己的早餐。讓小孩盡量去嘗試，去接觸生活中所有的事物，他們的學習力就能愈早被啟發，也能培養自理能力，法國媽媽再次為我上了一課。

正在努力做蛋糕的亞歷。

# 亞歷學騎腳踏車

亞歷爸很希望亞歷從小就能嘗試不同的活動，法國人覺得讓小孩多多去嘗試，有益小孩的身心發展。我也從來不反對孩子去嘗試全新的事物，放手讓小孩去玩，其實反而可以讓小孩學會更多事情。

亞歷三歲的時候，看到鄰居的小朋友在騎腳踏車，就問亞歷爸：「爸爸，我可以騎腳踏車嗎？」不出我所料，亞歷爸馬上回答：「當然可以啊！」亞歷開心地又叫又跳。

隔天，亞歷爸帶著亞歷去海邊學騎腳踏車，亞歷也因為嘗試新的活動，露出很開心的笑容。在還有輔助輪的階段，亞歷對於腳踏車的熱情始終如一，每天起床就跟我說：「媽媽，我要到外面院子騎腳踏車。」

肥安也躍躍欲試。

亞歷現在已經能熟練地騎腳踏車了。

等到亞歷四歲之後，熱愛讓小孩接受挑戰的亞歷爸，試著跟亞歷溝通：「亞歷你又長大了一歲，可以拿掉輔助輪試試看。」亞歷一開始很排斥，堅持不要，我就在旁邊幫腔：「亞歷，你不要害怕，爸爸媽媽都會在旁邊跟著你騎。」聽我這麼說，亞歷才小小聲地說：「好。」

拆掉輔助輪之後，亞歷一坐上腳踏車，就失去平衡地快要跌倒，我和亞歷爸在後面及時把他扶好，鼓勵他往前踩，他每踩一步，我們的加油聲就更大聲。當我們喊累了，沒有發出加油的聲音，他的害怕就又跑出來，一直擔心我們是不是沒有在後面扶著他。我和亞歷爸就再度喊出加油聲，讓亞歷安心。

經過幾次的練習之後，亞歷已經學會轉彎、煞車，可以自己安全地上路了。從亞歷學騎腳踏車的過程中，我發現持續給孩子鼓勵，有助於他學習一個新的事物，而且最重要的是，這些來自父母的鼓勵，可以給孩子面對恐懼的安全感，孩子的安全感被滿足，自然有助於學習。

# 不要比較，
# 小孩才有「型」

我的爸媽觀念很傳統，對男生的要求自然比較嚴格，因此，從小對哥哥的要求也高我很多，所以我和哥哥，很少被當作比較的素材。但是，我和差不多年紀的表妹，卻常常被親戚拿來比較，從功課到才藝，出了社會，從工作到交往的對象，任何事情，都可以比較。

我很討厭這種被比較的感覺，從我懂事以來，我就下定決心，以後絕對不要讓我的小孩遭受這樣的對待。大人常常會覺得孩子還小不懂事，其實我覺得即使連嬰兒，都能將大人的一言一行看在眼裡。「比較」會讓孩子的自信心受到挫折，連帶影響他的人格發展，身為父母要特別注意。

當我懷上肥安，知道自己即將擁有兩個男孩之後，我就告訴自己，一定不要讓

兩個孩子受到任何的比較，讓他們都能在一個健全的環境成長。在法國，我完全不用擔心這樣的事情，他們把每一個孩子當成完整的個體，都有其獨特性，從來不會出現「誰誰誰比較好」的評論，孩子的發展受到尊重，自然可以培養出自信心。

我覺得，孩子的發展確實會有快慢的差別，但每一個孩子一定也會有某部分的發展比較突出，這些差異都是構成孩子個人特質很重要的因素，沒有絕對的好壞，如果大人能夠用一種「樂觀其成」的態度看待，我相信每個孩子都能像法國小孩那麼有「型」。

## 肥安學講話小趣事

肥安目前一歲十個月，屬於模仿學講話的階段。有時候，當亞歷想要玩肥安的玩具的時候，他會直接搶過來，我會說：「你要問弟弟要不要借你，弟弟說好才能玩。」接著，亞歷就會問肥安：「你要借我玩嗎？」因為肥安還不太會講話，不知道要怎麼回答。亞歷就會在旁邊一直大叫：「你說好，你說好，媽媽要聽。」笨肥安就會乖乖地說好。

## 搶玩具怎麼辦？

亞歷是我的第一個小孩，我當然是全心全意地愛著這個小孩，也從來沒有想過「偏心」的問題。直到我懷了肥安，孕婦總是容易想很多，想到很多未來可能發生的問題，就莫名擔心。那時候我常常浮現的擔心是，如果肥安出生之後，我的關注比較多在肥安身上，而忽略了亞歷怎麼辦？雖然心裡一直告訴自己，兩個都是心肝寶貝，一定不會偏心。但是，孕婦的想像力通常沒完沒了，愈想愈憂鬱。

亞歷爸知道我會胡思亂想，就在我旁邊不斷地安慰我：「沒事的，兩個小孩都是我們的最愛，他們也會感受到我們滿滿的愛。」在亞歷爸的安撫之下，我的那些失控的情緒，也才漸漸地放下。

肥安出生之後，我還是不斷提醒自己：「不能偏心」，漸漸地，我好像也不會一直執著在這件事情了，反正就是把我滿滿的愛，都給我這兩個小孩。直到肥安一歲之後，兄弟倆開始出現「搶玩具」的情形，「偏心」這個字眼默默地又出現在我的腦海中。

我記得那是亞歷的三歲生日過後沒多久，亞歷收到很多同學家人送他的禮物，玩具車、積木一大堆，一開始，亞歷也都很大方地讓肥安一起玩他的玩具，兩個小孩相安無事。有一天，他們卻為了一塊積木，吵得很激烈，甚至開始抓對方的衣服，這個時候，在旁邊的我，依然很冷靜，之前那些擔心自己偏心的念頭，反而都不見了。

我請他們先把玩具交到我手裡，接著跟肥安說：「這是亞歷的玩具，如果你想要玩，請你跟亞歷借，如果他不願意借你，那你就不能玩。」肥安回我一個快要哭的臉，沒有說話。亞歷聽到我這樣說，反而主動說：「我願意借給肥安玩。」我把玩具交到肥安手裡，他跟亞歷說了聲：「謝謝。」繼續很開心地玩玩具。

遇到這種情形，我覺得身為家長要非常理性，不要擔心自己會偏心，我們理性公平的做法，小孩都會看在眼裡。首先釐清這個玩具是誰的，讓小孩學會每個人對

自已的東西擁有掌控權，他可以決定要不要借給別人，而不是爸爸媽媽要求他這麼做的。在這個跟小孩溝通的過程中，很多時候，反而會讓小孩更願意主動分享。目前為止，肥安和亞歷兩兄弟已經不太會為了玩具吵架，相處地很好。

### 兄弟倆小趣事

有一次，肥安一直吵著要吃軟糖，我跟他說：「你今天已經吃 5 顆了，明天才可以再吃。」他還是一直吵一直吵。我就板起臉孔，語氣比較嚴肅地跟他說：「請你不要吵，不然我會懲罰你。」他聽我這麼說，眼淚瞬間飆出來，跑過去找亞歷，哭倒在亞歷的懷裡。亞歷看弟弟哭得那麼傷心，就拍拍他的背，給他「秀秀」。

有了這一次的經驗，亞歷被我和亞歷爸罵，肥安也會主動地「秀秀」哥哥，兄弟倆上演抱在一起的戲碼。我和亞歷爸在旁邊看到這個場景，忍不住笑了出來，沒想到他們兄弟倆平常愛搶玩具，遇到困難還會互相取暖。

# 時常給孩子
# 親親抱抱和稱讚

因為我是在法國當媽媽，所以不知不覺地，很多觀念也被法國人影響。舉例來說，我是在傳統的打罵教育下長大的小孩，即使我做了值得稱讚的事情，我的父母也幾乎不會稱讚我，反而做錯事，會被很嚴厲地處罰。因此，從小我就不太清楚被讚美的滋味是什麼。

直到我到法國生活，對於「讚美」這件事情，產生很大的衝擊，法國人把所有讚美的話，每天掛在嘴邊，而且不會讓人覺得很虛假，像亞歷爸對我和孩子們，每一天一定會找到很多機會稱讚我們，我覺得這樣做，可以增進彼此的感情，也能讓孩子的發展更有自信。久而久之，我對亞歷爸和孩子們也不吝嗇於稱讚，即使是很微小的事情，我也會用稱讚鼓勵孩子，稱讚另一半則有助於感情的維繫。

每天一定要抱抱和親親！

我會試著讓小孩幫我完成一些家事，比如說，把用完的水杯放進水槽，當亞歷完成我交付給他的任務，我一定會對他說：「你好棒，謝謝你。」而不會覺得他做的事情是理所當然。從這個小小的生活互動中，我除了想要讓亞歷學會一些生活自理的能力，也希望透過他確實完成任務肯定他的能力，無形之中，孩子的自信就一點一滴被順利培養。

我來到法國之後，對於給孩子「讚美」這件事情，有很深的體會，當然我再回到台灣的時候，跟朋友聚會，我都會迫不及待跟他們分享這個觀念，希望他們也能夠透過生活中這個小小的舉動，給孩子多一點自信。

另外，法國人是熱愛「親親」的國家，不管是對家人小孩、對朋友，一見面就是先親上一陣，讓對方感受到滿滿的愛。剛到法國的時候，我很不習慣，每遇到一個認識的人，打招呼就是先碰一下兩頰。在台灣，我們根本不太跟父母有任何肢體上的碰觸，更別說抱抱、親親。

但是，對於亞歷爸來說，每天抱抱親親是在自然不過的事情了，起床親、出門親、進學校親、回到家親，久而久之，我也被影響了，沒事就抓起兩隻小鬼親一親，哈哈。我覺得透過這些親密的小動作，和孩子之間的距離會拉得更近，孩子也會很直接地感收到我們的愛。

# 給小孩承認錯誤的機會

小時候的我，曾經是個喜歡說謊的孩子，說謊已經變成反射動作，變成一種習慣。等到我自己有了孩子，回頭去想以前為什麼喜歡說謊，我才發現，很多時候，是為了免於被大人責罵，所以選擇說謊來掩蓋，而不願意說實話承認錯誤，因為害怕一承認，會換來嚴厲的處罰。

有一次，我把家裡打掃乾淨，讓亞歷和肥安在客廳玩，亞歷跟我說他想喝果汁，我倒了一杯果汁給他，並提醒他：「小心拿喔！不要翻倒了。」說完我就先進房間去摺衣服，摺啊摺，忽然聽見客廳發出肥安的慘叫，原來亞歷把果汁打翻了。

我一到客廳，瞬間差點瘋掉，整個桌面和地毯都是黃色的果汁，剛剛才打掃好的乾淨一秒消失。我忍不住失控地大吼：「是誰翻倒的？」亞歷看到我生氣的臉，

很害怕的、小小聲的回答：「是我。」當時，我真的很生氣，雖然知道亞歷不是故意的，還是很想搖他的肩膀跟他說：「你知道我已經打掃乾淨了嗎？」但是，我忍了下來，深呼吸一口氣。

心平氣和地跟亞歷說：「謝謝你很誠實地跟媽媽說是你翻倒的。拿抹布擦一擦，下次請你小心一點就好。」他聽我這樣說，臉上的表情才稍微放鬆。四歲的孩子已經有思考能力，也有羞恥心，他們知道自己做錯事，如果這個時候，大人一味地責罵小孩，有可能會讓小孩不願意講實話，就像我小時候的反應一樣。

有人會說：「為什麼法國媽媽可以保持優雅地帶小孩？」以我的觀察來說，我覺得法國人只是不輕易發脾氣，面對任何狀況，一定是蹲下來，心平氣和地看著孩子，和孩子溝通，孩子也會比較願意說出自己的想法或錯誤，父母才能從孩子的反應中，提供他們正確的觀念。

在法國媽媽的影響之下，我現在面對孩子的各種突發狀況，都能靜下來心來處理，我還是會向孩子表達我的憤怒、我的情緒，我會說：「你這麼做，媽媽很生氣。」但不會失控地亂發脾氣。這麼做，孩子們會很主動跟我分享他的心情。

## 溝通刺激小孩
## 的思考力

我在法國，從來沒有看到法國的父母跟小孩説話是用娃娃語，以台灣的語言來
説，就是我們常用的疊字（吃飯飯、洗澡澡等）。他們所有的對話都像大人之
間的對話，面對小孩的所有問題，一定不厭其煩地回答、溝通。我覺得不斷和
小孩討論問題，能夠刺激小孩的思考能力。千萬不要覺得孩子還小不懂，或是
怕麻煩而不跟孩子溝通，如此一來，孩子會失去很多學習的機會。

以前我的爸媽最常對我和哥哥説：「你們還小，這些事情不需要知道。」所以，
很多事情，我都是懵懵懂懂，直到成人後才有機會去思考。在我的成長經驗影
響下，亞歷出生之後，我覺得他就是小孩，不需要跟他講太多，也不需要太認
真回答他的問題。直到我看到亞歷爸對待亞歷的方式，以及其他法國父母對待
小孩的方式，我才慢慢改觀，小孩是需要我們耐心地溝通，給他們很多問題思

考，他們的人格發展才會完整，感受能力才會提高。

亞歷兩歲多的時候，有一陣子很叛逆，常常跟我說：「我喜歡爸爸，不喜歡媽媽。」不太親近我。對於他這個說法，我很好奇，很想知道他為什麼會有這個想法，但是我直接問他為什麼，他也答不出來。

於是，我先拋出一些問題，我問他：「是誰煮飯給你吃呢？」、「誰載你去學校呢？」、「誰買衣服給你呢？」亞歷的回答都是：「媽媽。」我繼續問：「那你為什麼不喜歡媽媽呢？如果沒有媽媽，這些事情就無法完成。」他想了很久沒有回答，低著頭。

隔天早上起床，他主動跑來跟我說：「媽媽，我愛你。」看到我在煮飯，主動說要幫忙，摺衣服也要幫忙。我心想，我們之間的溝通有效果了，我提出的問題，讓亞歷有機會去思考媽媽的付出，不會覺得自己擁有的一切都是理所當然。

如果我把亞歷的叛逆當成一時的過渡期，沒有花心力跟他溝通我的處境，他可能就不會發現媽媽的付出，也不會同理媽媽的處境，和我的關係也不會那麼快好轉。和孩子好好講話，他們真的都能理解，也能增進彼此的信任感。

# 法國小孩
# 放假一定出去玩？

亞歷的寒暑假或是每個周末的休假，亞歷爸一定會規劃帶全家人出去玩，法國人很重視家庭活動，只要小孩放假，父母一定會帶著小孩出去玩或是渡假。亞歷爸就經常問我：「這個星期我們帶小孩去海邊如何？」、「我們帶小孩去爬山怎麼樣？」

我回想自己的小時候，爸媽在市場工作，幾乎沒有休假日可言，更別說帶我和哥哥出去玩了。我的印象中，只有全家人一起去過一次木柵動物園，那一次的記憶很開心，我從來沒有跟爸爸媽媽那麼親近過，從來不知道原來和爸媽一起出去玩是這麼幸福的事情。現在想起來，還是有一股暖意掠過心頭。小時候的回憶，總會放在心裡很久很久。

我們一家都愛去海邊。

因為自己的成長經驗，我知道那種全家出遊的經驗對孩子們的童年來說，有多重要。那些美好的回憶，都是他們日後茁壯的養分。

每一次的出遊，不可能事事順心，但是，所有的困難都無法阻擋我和亞歷爸帶孩子出遊的決心，因為，我們覺得讓孩子親身經驗，絕對比從電視上看到、從書上讀到，感受更深，學習也更直接。

舉例來說，我們曾經帶小孩到一座森林，走著走著，看到一個鳥巢，這個時候，亞歷爸會很仔細地跟亞歷和肥安說明，小鳥的出生過程等等知識，甚至爬到樹上取下鳥巢（已經廢棄的鳥巢），讓亞歷和肥安看，讓他們感受鳥巢的質感，小孩都會很興奮，搶著看這個對他們來說很新鮮的東西。如果我和亞歷爸選擇在家休息一天，亞歷和肥安就沒有機會親眼認識鳥巢了，是不是很可惜？

當然，法國的大環境文化確實比較讓法國人可以花多一點的時間陪伴家人孩子，法國沒有加班的文化，下班過後的時間，就是專心陪伴家人的時間。法國人的假期很多，而且很多假期會同步小孩的假期，目的就是多一點陪伴家人小孩的時間。在這樣的文化環境之下，法國人自然更有餘力帶著小孩出門旅行或渡假。

反觀，臺灣的工作環境，很多朋友還是常常需要加班，下班已經累垮了，根本沒有餘力再帶小孩出去玩，假日也只想多睡一會，縱使心裡很想帶小孩出去玩，也是心有餘而力不足。這是國家工作環境的差異所造成的現象，沒有對錯。

但是，如果可以，我還是經常勸台灣的朋友們盡量撥時間帶小孩出門去接觸大自然，一日遊也好，小孩在玩樂過程中的笑容是很可貴的，而且一輩子只有一次，這些難忘的回憶，都會是他們日後面對挫折的勇氣。每次這麼想的時候，亞歷爸和亞歷吵著我要去哪裡玩的時候，我就只能心甘情願地說：「好好好。」（笑）

第一次認識鳥巢的肥安。

肥安每次去海邊，都會特別興奮。

# 從小愛爬山

亞歷爸是戶外活動的高手，登山、滑雪、跑步、游泳都難不倒他，而且，最重要的是，他樂在其中。法國人很堅持在生活中，一定要留下一個空間，做自己喜歡的事情，透過這麼做，能夠維持心情的愉悅，面對生活的挑戰。

我本來就不是屬於嬌滴滴的女生，對於戶外活動也不排斥，曬曬太陽也沒關係。還沒有小孩的時候，也常常跟著亞歷爸上山下海，見識法國的大自然。亞歷出生之後，參加戶外活動的機會瞬間變少，凡事都以小孩為優先，根本放不下心去做其它事情。

2014 年的暑假，亞歷四歲，肥安一歲，我們計畫已久的全家登山旅行，終於可以成行。這是我和亞歷爸一直想要帶著孩子去做的事情，讓孩子透過親身經歷，

亞歷攻頂囉！

感受大自然的偉大。

出發之前，我認為有兩件事情很重要。山路不像平路，彎彎曲曲不說，石子路對小朋友來說，會是一個很大的挑戰，而且一走就是好幾個小時，因此，一雙可以保護腳的登山鞋和襪子，絕對必備，避免腳起水泡。一般平地適用的走路鞋，絕對不堪山路的負荷。

另外，我會先讓孩子們看一看目的地的照片，跟他們討論即將要去爬的山，以及那邊的風景，讓他們心裡產生期待。也會告訴他們，過程可能會有一點辛苦，有一點累，但是只要勇敢去挑戰，就能看到很漂亮的風景，吃到很美味的餐點。透過這個行前討論，讓孩子們稍微有點心理準備，這是一場冒險，有點刺激，也有點辛苦，但挑戰成功後的果實很甜美。

有爬過山的人一定都知道，途中會有一段挑戰期，身體會很累，腳會非常痠，沒有毅力的人，可能會就此放棄，放棄攻頂的美麗風景。我和亞歷爸想要帶著孩子爬山，就是希望能夠透過這樣的活動，讓孩子體會「堅持下去」的意義。

剛開始爬的時候，亞歷很興奮，一路領先我和亞歷爸，還一直叫我們快一點。

過了一個小時，他漸漸開始累了，想要休息。我們會休息一下，但是會跟他說：「休息一下，等等要繼續往上爬喔！加油，你很棒！」十分鐘後，我們繼續往上爬，很快地，這次只過了半小時，亞歷開始吵鬧了：「我不想爬了，我好累，想要回家。」

我和亞歷爸沒有因為他吵鬧，就抱他，或是直接下山回家。而是不斷給他加油打氣：「亞歷你很棒，再一下下我們就到山頂了，可以看到很漂亮的風景，吃很好吃的東西。」途中，我和亞歷爸輪流鼓勵他，他的鬥志就漸漸地被激發出來，重新發揮動力，一路衝到山頂。

「堅持」很困難，但是我們希望他在往後的生活中，能夠懂得堅持帶來的好處，爬山就是一個最好的練習。

抵達目的地之後，接近午餐的時間，我們在一家小餐廳用餐，亞歷一下子就把面前的沙拉吃光光，大概是消耗太多體力，讓他胃口超好，還一直吵著要吃甜點。大量消耗體力之後，吃的東西或喝的水，總會有一種特別美味的錯覺，即使是平常沒有特別

喜歡的沙拉，也會覺得特別好吃，我覺得讓孩子體會這種感覺，也能幫助他練習堅持的勇氣。

除了練習堅持，帶著孩子爬山，還有一個最大的收穫，讓孩子接觸大自然，看一看平常沒有機會看見的景象，比如說：冰川、冰河、冰洞、野生動物等等，增加孩子的眼界，刺激思考想像力。遠離都市的現代化發展，吸收山林裡的芬多精，眼睛看一看綠色的樹木，也有助於孩子的健康。

在決定帶著孩子爬山之前，我也曾經有點擔心，擔心孩子無法負荷需要大量體力的活動，甚至擔心會發生危險，但是，亞歷爸總是安撫我說：「孩子的潛能是很難預測的，一定要試試看才知道啊！」再加上身邊的法國朋友也會分享他們的經驗，帶著孩子全家去爬山旅行，是幾乎每個法國家庭都會做的事情，我才比較放心。我們在爬山的路上，也看到許多法國人帶著小孩一起爬，亞歷爸很開心地跟我說：「這就是我們希望讓小孩體驗生活的方式。」

我們現在只要周末一有空，就會帶著亞歷和肥安去爬山，他們也都很喜歡。但是，肥安目前才一歲多，爬山對他來說太困難，還是由我和亞歷爸輪流背，也是我們訓練體力的方式啊！（笑）

# 滑雪初體驗

亞歷爸是一個戶外運動達人，滑雪也是他的強項之一，我定居法國已經五年了，他一直想帶我和孩子去滑雪，卻總是有一些事情影響，讓我們遲遲沒有成行。

亞歷還是寶寶階段的時候，亞歷爸也曾經跟朋友自己去滑雪，當時因為要照顧亞歷，我沒辦法跟著去，加上我也不會滑雪。如果一起去，也是在旁邊照顧小孩，或是躲在飯店裡，所以就讓亞歷爸自己去了，我和寶寶待在家裡，也比較自在輕鬆。

2015 年的聖誕節，婆婆送了我們一個超級棒的聖誕禮物「滑雪飯店住宿一天」，我和亞歷爸帶著兩個小鬼滑雪的心願，終於要實現了。婆婆有四個小孩，四個小孩都是滑雪高手，因此，也希望我和小孩們可以嘗試看看，留下一個美好的經驗。

亞歷目前四歲多了，在法國，這個年紀的小孩很多都已經有過滑雪的經驗，屬於適合學習的階段。但是，肥安還太小，身體的平衡感還沒有發展健全，無法掌握滑雪的器具，只能在旁邊「玩雪」。

亞歷爸為了好好照顧肥安，讓我和亞歷專心學習滑雪，他完全沒有帶自己的滑雪裝備，準備好做個全職的奶爸，當我和亞歷的加油團。亞歷爸跟我說：「我會照顧好肥安，你和亞歷就盡情地享受滑雪的樂趣，如果這次你們學會了，以後我們就可以常常去滑雪了。」

還沒有接觸之前，我覺得「滑雪應該很簡單吧！就是像溜滑梯一樣，由上往下衝吧？」結果，我大錯特錯，當我穿上滑雪的裝備，滑雪板沉甸甸的重量，讓我寸步難行，連走路都有困難，更不用說「滑」。

滑雪是一個非常消耗體力的活動，在雪地裡活動一段時間後，厚厚的雪衣裡甚至會流汗。在正式滑行之前，要先學會煞車、上坡、減速、轉彎等等技巧，光是練習這些技巧，我就已經累癱了。但是，我的同學亞歷一點都不覺得累，不斷不斷地練習，看到他這麼認真，媽媽的鬥志被激出來，重新打起精神，練習基本功。

我和亞歷第一天的滑雪課程，選的是專屬教練，雖然價格高一些，但是教練可以很直接地指正我和亞歷的動作，讓我們更快學會。亞歷的學習能力很快，在教練的指導之下，很快就學會基本動作了。四肢不太協調的我，則是花了一個下午的時間，才勉強學會。隔天，我們幫亞歷選了比較便宜的兒童團體課，讓他可以跟著其他小孩一起玩。我則是繼續投靠專屬教練，經過不斷地練習，體力耗盡，才勉強學會「滑」雪。

這一次的滑雪旅行，也是亞歷爸家的小型家族旅行，為了讓我和亞歷專心學習，其他家人全部沒有下場滑雪，就是陪著我們，幫我和亞歷紀錄拍照，給我們打油打氣。由此可見，法國家人對我這個台灣媳婦的溫暖。也再次證明法國人為什麼這麼熱愛帶著小朋友參與各種戶外活動，因為透過這些活動，不但可以讓小孩學習新的事物，更重要的是，家人之間的感情也能更緊密。

我和亞歷共同學習，我不能表現出害怕的樣子，讓亞歷覺得滑雪是一件很棒的事情，「媽媽也很努力學習喔！」，自然就不會對這個未知的運動抗拒。這真的是一個很棒的經驗，我跟亞歷爸也達成共識，以後要常常帶小孩滑雪。在台灣，也許沒有機會滑雪，但我覺得不管任何活動，只要讓小孩保持勇於學習的態度，就是最大的收穫。

肥安也想要滑雪啊！

亞歷的滑雪 look。

# 搭飛機
## 可以培養國際觀

還沒有跟亞歷爸結婚之前,其實我出國的次數很少,更別提小時候,因此,我是開始讀書之後,從電視節目上,才有「外國人」的觀念,知道這個世界上有人跟我的皮膚顏色不一樣、講不一樣的語言。回頭看這個經驗,會覺得很不可思議,但是,當時我的生活環境確實就是無法得知這些訊息,完全沒有國際觀可言。

亞歷和肥安是台灣和法國的混血兒,他們多了一些機會可以接觸不同國家的文化,我和亞歷爸也希望能夠常常帶著他們出國旅行,增加他們的視野,培養他們的國際觀。所以,只要一有比較長的假期,我們一定帶著他們回台灣或是安排其他國家的旅行。

跨國旅行，基本上都是搭飛機移動，我覺得搭飛機對孩子來說，就是一個認識不同文化很棒的機會。在機場或飛機上，我們常常會看到不同膚色、穿異國傳統服飾、講不同語言的各國旅客，這種時候，小孩的好奇心會被激發，我和亞歷爸就會一一跟亞歷解釋，他們是哪一國人，講什麼語言，那是他們的傳統服飾等等訊息。我覺得從這些經驗當中，小孩會開始有國家的概念，知道這個世界上有不同的人種。

帶小孩搭飛機不是一件輕鬆的事，我相信所有幹過這件事情的父母都很清楚，但是，即使如此，還是無法阻擋我和亞歷爸想要讓小孩去見識這個世界的決心。

打包，帶走！

Chapter 2

機場經驗可以讓孩子認識不同國家的文化。

## 帶兩歲以下寶寶搭飛機的小提醒

**1** 兩歲以下的寶寶不需要機票，當然沒有座位。寶寶只要是 10 公斤以內，就可以向航空公司要求嬰兒床（每一家航空公司有不同的規定，請事先詢問）。有了嬰兒床，媽媽就不會這麼累，不用一直抱著寶寶。

**2** 寶寶如果喝的是母奶，基本上不用準備，因為他的糧食都在媽媽身上啊！如果寶寶喝的是奶粉，一定要精算待在飛機上的時間，算準份量，絕對不能少帶，否則，讓寶寶餓肚子的後果自行負責。

**3** 如果是擔心機上飲用水不夠乾淨的媽媽，我建議一進海關後，就先買 2 瓶礦泉水帶在身邊，一方面可以安心飲用，最重要的是，不用一直離開座位。

**4** 不管寶寶有沒有感冒的症狀，請一定要記得帶退燒藥在身上，以防寶寶上飛機後出現不適。

**5** 飛機上的空氣比較乾燥，寶寶的皮膚容易敏感，尤其是暴露在空氣中的兩頰，建議準備一瓶寶寶用的乳液，適時幫寶寶擦拭，減少發生敏感的機會。

**6** 建議一定要攜帶寶寶背帶，把寶寶揹在胸前，在機場行動或是轉機的時候，媽媽才能空出兩手提行李或做其它的事情。

**7** 媽媽包最好準備後背式的，把所有隨身物品都塞進去，在轉機或是登機走路時，如果寶寶睡著了，用背帶揹在前方，媽媽包就揹在後面，不但可以保持身體的平衡，而且不會損壞肩膀，還可以看好小孩或者是幫忙拿其他東西。

**8** 媽媽包裡一定要多帶寶寶替換的衣物。因為有時候可能會遇到寶寶暈機嘔吐，可以立刻更換。除此之外，寶寶在飛機上穿的衣服不要穿新的，愈舒適愈好，這樣寶寶才會睡得舒服，不會吵鬧。

# 買東西練習

我教育小孩，有一個很大的基本原則，就是讓小孩盡早學會獨立生活的能力。有一些事情，對於台灣人的觀念來說，忍不住會發出「這個讓小孩自己去做好嗎？」的疑問，我都毫不考慮地讓小孩去參與，比如說：讓一個三、四歲的小孩自己到商店買東西。

我媽媽知道我這麼做的時候，感到不可思議，心想：「這個年紀的小孩連交易的概念都還不清楚，也不知道商品價格的概念，會不會太勉強？」我跟亞歷爸討論起這個問題，他的回應還是同一個：「沒有讓他們去嘗試，怎麼會知道行不行呢？」這大概是所有法國人面對這個問題的答案，也是我一直以來的想法。

某一天，我和肥安接亞歷放學之後，我們到購物中心附近的餐廳去吃點心，差

不多快離開的時候，我問亞歷：「媽媽今天有點不舒服，又要照顧肥安，你可以幫媽媽到購物中心裡買幾樣東西嗎？」亞歷馬上說：「好。」接著，我跟他說了三樣要買的東西，並給他一張 50 元的歐元，他帶著購物袋，就跑向購物中心了。

等待的過程，亞歷移動的範圍雖然在我的視線內，心裡還是有點擔心，擔心這個任務對他來說，會不會太困難？看著他小小的身影，提著購物籃，走到收銀台，等收銀人員算好價錢後，他把鈔票交給收銀人員，收銀人員幫他把東西收進購物袋裡，讓他拿著找錢和購物袋，走回餐廳。

他一走近我，我就說：「亞歷你好棒喔！好厲害，學會自己買東西了。」我看看購物袋裡的東西，一樣都沒錯。頓時覺得很安心，原來小孩的潛力真的不能小看，他們可以自行完成的事情，遠遠超出我們的想像。

我覺得透過這樣的買東西練習，可以幫助小孩刺激記憶力，也能透過買賣的過程，讓小孩有一個初步的金錢概念，小孩還能從中得到完成任務的成就感，是一個非常棒的生活能力練習。自從第一次幫我買東西之後，亞歷現在常常會問我：「媽媽，我可以再幫你買東西嗎？」

## 亞歷是小暖男

法國人很重視自己，凡事會先以自己的感受為最優先的考慮，小孩在這樣的環境成長，好處是會發展出很強烈的個人特質，以及培養出高度的自信心，但是，也有可能是法國人總是讓人覺得比較冷漠的原因。

我有時候也會覺得有些法國人自視甚高，甚至不願意幫助別人，我不希望亞歷和肥安也養成這種獨善其身的特質。我很努力地從自己做起，希望我的一言一行，可以當作兩個孩子的榜樣，讓他們都能樂於助人。

在法國，我在公眾場合看到需要幫忙的人，一定會挺身而出，比如說：有一次在馬路上，剛好有一位老婆婆正要過馬路，兩手都提著看起來就很重的購物袋，我一手牽著亞歷，胸前背著肥安，馬上快步走向老婆婆，跟她說：「我可以幫

妳提一個袋子。」她看了看我，露出一個笑容，回答我：「謝謝妳。」我就順手幫她拎起其中一個袋子，陪她走到地鐵站才離開。

每次遇見這樣的情況，我都會趁機跟亞歷和肥安說，如果我們有餘力，應該盡量去幫忙有需要的人，能夠幫助別人是一種福氣。我嘴巴雖然這樣說，但是，其實我也不知道孩子能聽進去多少，直到前一陣子發生一件事情，我才發現，大人的言行舉止，悄悄地影響孩子很深很深。

有一天，我去接亞歷下課，接著我帶著他和肥安到咖啡廳吃點點心，我喝杯咖啡休息一下。當我們點好餐坐定位後，肥安不小心打翻桌上的水杯，我急忙地趕快收拾善後，替他換上乾淨的衣服。在我急急忙忙的時候，眼神一瞥，臨桌的老奶奶因為椅背上掛的包包太重，整張椅子往後倒，老奶奶行動不便，想要扶起椅子卻扶不起來，亞歷看到這個情形，馬上衝過去，幫老奶奶扶起椅子。老奶奶露出很慈祥的笑容，跟亞歷說：「謝謝你，你真是個好孩子。」亞歷聽了，不好意思地跑回我身邊。

亞歷回來後，我問他：「你怎麼會想去幫老奶奶？」他回答我：「因為她需要幫忙啊！而且我想跟妳一樣幫助別人啊！」聽他這麼說，心裡很欣慰，也體會

到大人的舉動深深影響孩子的發展。看到孩子小小的身軀，使力扶起椅子那一瞬間，連我都被亞歷感動了。幫助別人真的可以讓自己更富足，看到自己的孩子願意為別人付出，就是我一直希望孩子擁有的人格特質。

我給亞歷一個大大的擁抱，跟他說：「你很棒，願意幫助別人。」當我看到本來孤單一人吃飯、沒什麼表情的老奶奶，因為亞歷的貼心舉動後，臉上的笑容不斷綻開，我想這就是人與人之間互相關懷的價值吧！當我們的舉手之勞，可以為別人帶來溫暖的幸福，這個世界就會愈來愈美好吧！暖男大概也是要從小培養吧！（笑）

# 自理能力擺第一

每一次我回台灣，身旁的親戚朋友一定會問：「亞歷認識數字了嗎？有顏色的概念了嗎？」我都笑笑地回答：「還沒。」接著，他們一定會追問：「他不是已經去上幼稚園了嗎？老師沒有教嗎？」我都會含糊地回答：「以後會教。」

剛開始被這樣問的時候，我自己也有點困惑，回到法國去問亞歷的老師：「這個年齡的孩子沒有具備數字或顏色的概念，是不正常的嗎？」亞歷的老師吃驚地看著我：「當然不是，數字和顏色的學習往後一定會出現，但是我們更在意的是孩子的自理能力需要從小培養。」

也就是說，亞歷的幼稚園以教培養孩子的自理能力為目標，比如扣釦子、穿外套、打掃等等生活技能，而不是一味地教小孩數字、字母或是顏色等課業內容。

我十分認同這樣的教育理念，小孩能夠打理自己的生活，比起那些課本上的知識更重要。

幼稚園除了教小孩基本的生活能力，最多時間放在遊戲了，法國人認為讓小孩快樂地遊戲，從而願意學習新的事物，比任何事情重要。我每天接亞歷放學，他總是急著跟我分享當天老師又帶他們玩了什麼遊戲，分享的時候那種自然散發出笑容，我覺得是每一個人的童年裡很珍貴的價值。

亞歷很喜歡去上學，因為學校裡有好朋友，好玩的遊戲，可以學到一些新的事物，他會很樂於展現給我和亞歷爸新學習的技能。

比起課業的學習，我和亞歷爸更希望亞歷和肥安能在玩樂中長大。

# 管他學什麼才藝

我身邊很多台灣朋友,從小就讓小孩學各式各樣的才藝,下課時間都被才藝課填滿,小孩累,大人也跟著一起累。當然,這是每個父母的選擇,沒有絕對的好壞。但是,我在意的是,小孩真正想學才藝嗎?

我和亞歷爸在教育小孩方面,有一個最基本的共識,就是希望小孩開心地去做每一件事情,沒有任何的勉強。因此,我們從來不要求小孩學特定的才藝,除非小孩主動開口要求。

亞歷目前有在上體能開發的課程,因為亞歷爸每天都會去慢跑,有一天,亞歷就跟我說:「我也想像爸爸一樣去運動。」於是,我幫他報名體能開發課,這個課程除了增進小孩的體能,還能促進手腳協調的發展,亞歷很喜歡這個課程,

每個星期二都很期待上課。

課程的一開始，老師會讓所有小孩跑教室兩圈，接著讓小孩蹲著，給他們一些指令，比如拿紅色的物品放到某處，透過一些簡單的小遊戲，幫助小孩認識顏色，刺激腦部的發展、四肢的協調能力。每次上完課，亞歷都是意猶未盡，笑得很開心。

最近，亞歷主動跟我説：「我想學功夫。」我就問亞歷爸要讓他去學嗎？亞歷爸二話不説，馬上説好。「如果是亞歷想去學的事情，我們當然要支持他」。亞歷爸這麼説。這個道理我也懂，但是我心想，體能開發課才上了一個月，就要改上功夫，會不會讓小孩養成三心二意的習慣？

我試著問身旁的法國媽媽：「妳的小孩有學才藝嗎？」她回答：「有啊，她上個月學跆拳道，這個月改上芭蕾舞。」我露出有點懷疑的表情回問她：「這樣會不會每一樣都沒有學好啊？」她回答我：「沒有學好也沒關係啊！她還小讓她多嘗試，多嘗試就會知道自己真正喜歡的是什麼。只要她在學的過程中是開心的就夠了。」

我還沒有幫亞歷報名功夫課，跟他說：「我希望你能在體能開發課和功夫課中選一個上，專心上一個就好。如果你學了發現不喜歡，不要學也沒關係。但是一次上一個就好」我雖然瞭解孩子還在摸索喜好的階段，但我也不希望他們養成隨便的態度，覺得反正我們都會支持，就隨意開口要求。

亞歷的體能開發課，上課中。

# 後記

謝謝大家花了時間讀這本書，我跟大家一樣，就是一個很平凡的媽媽，

希望書裡分享的教養經驗，可以給大家一點點建議和幫助。

這本書可以順利出版，我要先謝謝出版社的青睞，讓我有機會可以分享自己教養小孩的想法。


接著，謝謝老公的大力支持，支持我做自己想做的事。

以及我遠在台灣的家人們，一路上支持我不在預期內的人生際遇，並全心全意來尊重我的任何決定。


最後，當然要謝謝亞歷和肥安，出現在我的生命裡，

讓我有機會能學習體驗媽媽這個角色，讓生命也變得更加豐富有趣。

最後的最後，謝謝所有關注亞歷和肥安的朋

友們，你們的溫暖心意，我都記在心裡喔！

玩藝 0030

# 亞歷、肥安這樣長大
## —— 可愛生活寫真紀錄 × 混搭式教養分享

| 作者 | 亞歷媽（王君萍） |
|---|---|
| 封面攝影 | 林永銘 |
| 妝髮 | 吳蘇菲 |
| 封面設計 | IF OFFICE |
| 內頁設計 | 小痕跡設計 |
| 責任編輯 | 簡子傑 |
| 責任企劃 | 林倩聿 |
| 董事長<br>總經理 | 趙政岷 |
| 總編輯 | 周湘琦 |
| 出版者 | 時報文化出版企業股份有限公司 |
|  | 10803 台北市和平西路三段二四〇號七樓 |
|  | **發行專線** （〇二）二三〇六—六八四二 |
|  | **讀者服務專線** 〇八〇〇—二三一—七〇五 |
|  | （〇二）二三〇四—七一〇三 |
|  | **讀者服務傳真** （〇二）二三〇四—六八五八 |
|  | **郵撥** 一九三四四七二四時報文化出版公司 |
|  | **信箱** 台北郵政七九～九九信箱 |
| 時報悅讀網 | http://www.readingtimes.com.tw |
| 電子郵件信箱 | books@readingtimes.com.tw |
| 第三編輯部<br>風格線臉書 | http://www.facebook.com/bookstyle2014 |
| 法律顧問 | 理律法律事務所　陳長文律師、李念祖律師 |
| 印刷 | 詠豐印刷有限公司 |
| 初版一刷 | 二〇一六年三月二十五日 |
| 定價 | 新台幣 二八〇元 |

特別感謝　CANAYA　LOLLIA 愛蕾雅

亞歷、肥安這樣長大 / 王君萍著.
-- 初版. -- 臺北市: 時報文化, 2016.03
面；　公分
ISBN 978-957-13-6543-5（平裝）

1. 親職教育 2. 子女教育

528.2　　　　　　105000558

# OANAYA®

領著春天氣息 走遍世界各地
讓肌膚的氣息 留下魅力瞬間

歐娜雅沐浴禮盒

*NT$600*

買1送1

歐娜雅官方網站